Gestión natural de los parásitos del ganado

Aprovechar las soluciones de la naturaleza para el control interno y la salud de los rebaños

Índice de contenidos

Introducción

Como ganadero, probablemente no le resulten extraños los rituales diarios de atender a sus animales, asegurándose de que estén bien alimentados, cómodos y sanos. Pero, ¿alguna vez ha notado esos sutiles signos de que algo no va del todo bien? Puede que las crestas de las gallinas hayan perdido su vibrante tono rojo, o que un caballo o una vaca parezcan más "nervudos" de lo habitual. Incluso los párpados sonrosados de las ovejas parecen ahora más pálidos de lo normal. Es fácil descartar estos pequeños cambios como parte del flujo y reflujo natural del cuidado del ganado, pero estos indicadores pueden estar diciéndole algo crucial: sus animales podrían estar siendo atacados por parásitos.

Los parásitos pueden ser depredadores silenciosos que minan lentamente la vitalidad y el bienestar de su ganado. Acechan bajo la superficie, afectando a sus animales de formas que pueden no ser inmediatamente evidentes. La realidad es que la gestión de los parásitos puede convertirse en un trabajo incesante y a tiempo completo, especialmente si está decidido a hacerlo sin recurrir a soluciones químicas. Pero, ¿y si hubiera una forma de que esta carga dejara de ser una tarea que lo consume todo para convertirse en una tarea a tiempo parcial y estacional de la que usted y su ganado pudieran beneficiarse?

Una cresta y unas barbas pálidas pueden ser el primer indicio de un posible problema de parásitos en las gallinas. Tenga la seguridad, sin embargo, de que mediante el desarrollo de un enfoque sistemático, puede transformar la desalentadora tarea del control de parásitos en una práctica manejable y sostenible. Esta transformación es alcanzable a través de varias estrategias clave:

- **Gestión y rotación de pastos:** Debe aprender a optimizar sus técnicas de gestión de pastos y prácticas de rotación para minimizar el riesgo de infestaciones parasitarias. Una gestión cuidadosa de las zonas de pastoreo puede reducir la exposición a los parásitos, dando a su ganado más que una oportunidad de prosperar.

- **Control medioambiental**: Aprenda a aplicar medidas eficaces para crear un entorno menos propicio a los parásitos. Al hacer que las condiciones de vida de su ganado sean menos hospitalarias para estos intrusos, puede reducir la prevalencia de infecciones parasitarias.

- **Desparasitación selectiva con productos naturales**: Aproveche el poder de las soluciones naturales para la desparasitación, incluso cultivando usted mismo algunos de los ingredientes preventivos. Descubra cómo utilizar estrategias de desparasitación selectiva con productos orgánicos y sostenibles, asegurándose de que sólo trata cuando es necesario, minimizando el riesgo de resistencia.

- **Investigación y aprendizaje continuos**: Manténgase al día de los últimos avances en el control de parásitos del ganado. Un compromiso continuo con la investigación y la formación es esencial para adaptarse a los nuevos retos y optimizar sus estrategias de gestión de parásitos.

Una explotación ganadera sana y dinámica está a su alcance. Los pollos sanos deben tener crestas brillantes, plumas relucientes y espíritus vivaces, mientras que las vacas, caballos y ovejas deben mostrar la robustez que caracteriza a los animales bien cuidados. Aunque hay síntomas específicos asociados a determinados parásitos, es fundamental recordar que estos indicadores no son diagnósticos definitivos. Una carga parasitaria elevada puede provocar diversos problemas, como diarrea, deshidratación, pérdida de peso y letargo, independientemente del parásito específico responsable. Pero no se preocupe; este libro está aquí para guiarle.

Al iniciar este viaje para recuperar la salud de su ganado, recuerde que no está solo. Hay un mundo de recursos ahí fuera, ¡empezando por este completo libro! Así pues, sumérjase de lleno en el mundo del cuidado sostenible y holístico del ganado.

Capítulo 1: ¿Qué son los parásitos del ganado?

Para proporcionarle una base para la información que aprenderá en el libro, este capítulo explora varios tipos de parásitos que afectan al ganado, sus grupos, antecedentes, ciclos vitales y su posible impacto en la salud y productividad de los animales. También se hace hincapié en la importancia de conocer y manejar estos parásitos en la producción ganadera.

Historia y antecedentes de los parásitos del ganado

Los parásitos son seres vivos que viven en el interior o en la superficie de otro organismo (conocido como huésped), tomando los nutrientes de este último. El ganado y otros animales pueden verse afectados por más de 1000 especies de parásitos, algunos de los cuales también pueden transmitirse al ser humano.

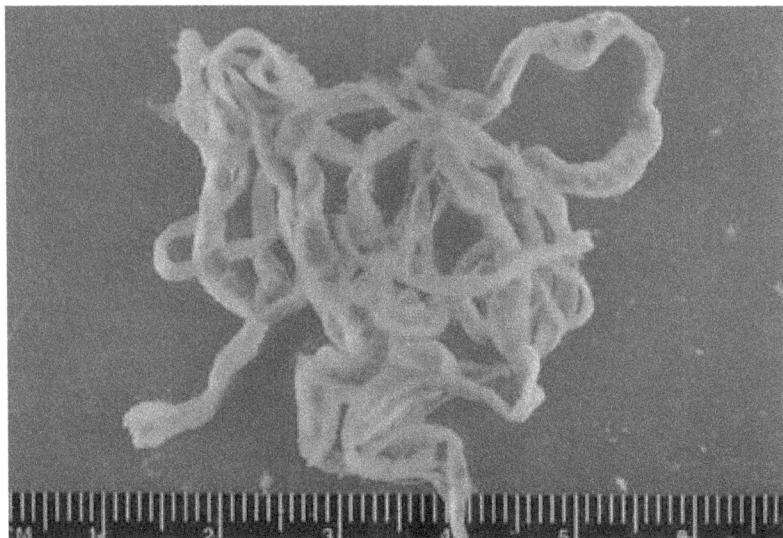

Los parásitos son seres vivos que viven en el interior o en la superficie de otro organismo (conocido como huésped), tomando los nutrientes de este último

Los parásitos, en un campo de estudio veterinario llamado parasitología, tienen sus raíces en las civilizaciones antiguas. Los registros del antiguo Egipto sugieren que los egipcios estudiaban los parásitos y describían los ectoparásitos (o parásitos externos) de mayor tamaño en los humanos, pero no comprendían el ciclo vital del organismo. Se cree que parásitos similares afectaron a los israelitas durante sus viajes; los describían como serpientes ardientes. El primero en reconocer que los parásitos tenían varias etapas durante su ciclo vital fue Aristóteles, que observó quistes de gusanos en la lengua de los cerdos. Los científicos también teorizan que los hebreos prohibieron el consumo de cerdo porque probablemente descubrieron quistes similares en estos animales.

A partir del siglo I, el interés por los parásitos creció intensamente. A principios del siglo II d. C., Areteo observó el hallazgo de varias vejigas llenas de líquido en animales, y un siglo más tarde, Galeno describió tres tipos distintos de parásitos en humanos. En el siglo VII, Paulus Aegineta estudió aún más los helmintos humanos y denominó a uno de los grupos Ascárides. Estos pequeños gusanos, localizados en la parte inferior del intestino de las personas y los animales de sangre caliente, constituyen el grupo de tenias y gusanos ascárides que hoy se conoce como Ascaris.

Un médico bizantino llamado Alejandro fue el autor del primer libro sobre gusanos parásitos, *De Lombrices* (traducido como "sobre los gusanos"), que sentó las bases de la parasitología moderna. Sin embargo, en aquella época los científicos y eruditos sólo sabían que los parásitos causaban enfermedades, pero no cómo llegaban al huésped ni cómo prevenirlo. El origen de la infección parasitaria se identificó a principios del siglo XI, cuando Ibn Zuhr (médico islámico marroquí) y la abadesa Hildegarda de Bingen (escritora e investigadora sobre salud animal) llegaron a la conclusión de que los ácaros transmitían la sarna.

La comprensión de la parasitología se amplió durante la Edad Media, cuando Alberto Magno escribió sobre los gusanos parásitos (helmintos en la literatura contemporánea) en peces, caballos, halcones y perros en su libro *De Animalibus* en 1478. Un par de décadas más tarde, Anthony Fitzherbert describió la enfermedad causada por la lombriz hepática en su obra *Un nuevo tratado muy útil para todos los maridos.* Llegó incluso a la conclusión de que la fuente de la infección eran las tierras húmedas y pantanosas donde también vivían los caracoles, pero no entendía el ciclo vital de los parásitos lo suficiente como para establecer una conexión entre los caracoles y los animales infectados. En su primera clasificación de animales, Linneo escribió sobre la fasciola hepática, descrita como una sanguijuela cuyas crías prosperan en el agua. Como el ciclo parasitario no se comprendió hasta mucho más tarde, la gente creía que los parásitos se generaban espontáneamente en el cuerpo de las personas y los animales.

El descubrimiento por William Harvey del papel del corazón en la circulación sanguínea fue uno de los primeros descubrimientos que pusieron en duda la hipótesis de la génesis espontánea. Además de describir esta teoría en su disertación *Sobre la generación animal* (publicada en 1651), Harvey sostiene que todos los seres vivos se originan a partir de huevos en lugar de surgir espontáneamente. El biólogo holandés Jan Swammerdam describió varias formas de vida de los insectos, como el adulto, la crisálida, la larva y el huevo, demostrando que estos animales pasan por un ciclo completo durante su vida, lo que prueba que no surgieron de la nada.

En el siglo XVII, el médico italiano Francesco Redi observó, extrajo y examinó garrapatas y piojos de personas y animales. Redi describió el "piojo" como una de las enfermedades que causaban estos parásitos, por lo que pasó a ser conocido como el "padre de la parasitología". Mediante un sencillo experimento, también demostró de una vez por todas que la teoría de la generación accidental no era válida. Colocó dos trozos de carne en un plato, cubrió uno y dejó el otro al descubierto. Este último atrajo pronto a las moscas, que pusieron huevos en él y, en dos días, la carne estaba infestada de gusanos.

En cambio, el trozo de carne cubierto no contenía ningún gusano. Confirmando los hallazgos de Redi, el microscopista holandés Antonie van Leeuwenhoek observó parásitos protozoarios al microscopio y los dibujó. Se trataba de parásitos que se encontraban en los intestinos de personas y animales, a menudo causantes de diarrea. El médico inglés Edward Tyson estudió y examinó el nematodo Ascaris lumbricoides, descubriendo finalmente que el parásito tenía dos sexos (lo que alude a la reproducción sexual) y refutando aún más la teoría de la generación aleatoria en los gusanos parásitos.

En los siglos XVII y XVIII se descubrieron y caracterizaron numerosos parásitos animales y humanos. Johann Goeze documentó los gusanos ascaris en cerdos, mientras que Peter Simon Pallas informó de los quistes hidatídicos en personas y de la tenia del gato (taenia crassiceps) en 1766. En 1819, botánicos suecos y alemanes publicaron tres tomos en los que sistematizaban las especies de parásitos, estableciendo una referencia estándar que se consideró válida hasta que se comprendió por completo el ciclo vital de los parásitos. En 1863, el médico y patólogo alemán Rudolph Virchow sugirió que una infección más vigorosa por carne de cerdo podría prevenir la triquinosis en las personas.

Tras descubrir un gusano no identificado hasta entonces en el conducto biliar de una jirafa, el médico británico TC Cobbold se propuso estudiar y perfeccionar la sistematización parasitaria actual. En 1878, presentó el descubrimiento de un embrión de filaria en el cuerpo de un mosquito, lo que dio lugar al concepto que vincula a los mosquitos con la enfermedad conocida como malaria. Dos años más tarde, Griffith Evans descubrió que el primer tripanosoma patógeno, el Tripanosoma evansi, era la causa de una enfermedad tropical que afectaba a caballos y camellos.

Con estos y otros descubrimientos similares realizados a mediados y finales del siglo XIX, la parasitología se convirtió en un campo de estudio bien establecido en la medicina veterinaria. Los científicos también empezaron a profundizar en los ciclos vitales de los parásitos, lo que les permitió idear medidas eficaces de control, prevención y tratamiento de las enfermedades que causaban. Se reconoció que algunos parásitos, como la triquina y otros gusanos, representaban graves peligros para la salud pública y era muy necesario controlar su propagación. Mediante la investigación de estos y otros parásitos que afectan al ganado, se desarrollaron y aplicaron con éxito medidas de control de la fasciola hepática, los gusanos pulmonares, la tripanosomiasis, los coccidios, la haemoncosis, los ascárides y otros parásitos.

¿Por qué es importante el control de parásitos en la cría de animales?

Tanto los parásitos externos como los internos pueden causar problemas de salud en los animales, debilitando su sistema inmunitario y predisponiéndolos a infecciones bacterianas y de otro tipo. También pueden causar daños por sí mismos, dependiendo de cómo se alimenten del huésped y de si son portadores y transmisores de otras enfermedades. El ganado infectado también puede transmitir los parásitos o las enfermedades secundarias que portan a los seres humanos y otros animales. Todo ello provoca importantes pérdidas económicas, al igual que ocurrió desde que el hombre empezó a domesticar animales y a criarlos con fines alimentarios y de otro tipo. Por todas estas razones, controlar la proliferación parasitaria en la cría de animales es de suma importancia. Afortunadamente, gracias a todos los descubrimientos de la parasitología en la actualidad, existen numerosas medidas de control y prevención.

Parásitos más comunes del ganado

Los parásitos del ganado se dividen en dos grandes categorías: internos y externos. Los internos entran en el cuerpo del animal, se alimentan de él y lo dañan desde dentro, mientras que los externos atacan e infectan desde fuera. En función de si se transmiten a los animales desde otra fuente, los parásitos también pueden ser transmitidos por insectos o no. Los organismos transmitidos por insectos suelen ser también internos.

Parásitos internos y enfermedades

Coccidios

La coccidiosis está causada por el protozoo Eimeria sp., comúnmente conocido como coccidia. Viven en las paredes intestinales de los animales de granja y son específicos del hospedador. En otras palabras, la variante que infecta al ganado vacuno no infectará a las cabras ni a las ovejas. Aunque los coccidios están normalmente presentes en los animales, su proliferación excesiva puede causar infestación y enfermedades. Esto último suele ocurrir en ejemplares jóvenes que carecen de inmunidad suficiente (destete prematuro, clima frío, etc.) para evitar la proliferación o en animales mayores en condiciones de hacinamiento o estrés. Los coccidios se transmiten por las heces, que pueden permanecer infecciosas en el suelo hasta seis días y se propagan muy rápidamente en condiciones cálidas y húmedas.

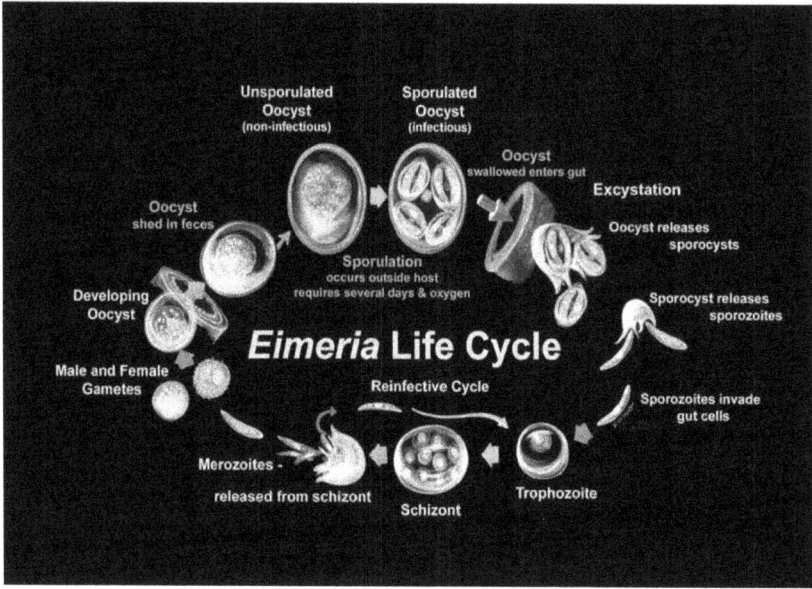

Aunque los coccidios están normalmente presentes en los animales, su proliferación excesiva puede provocar infestaciones y enfermedades

Nematodos - Gusanos gastrointestinales

La mayoría de los gusanos del tracto gastrointestinal (TGI) del ganado son nematodos. Aunque este grupo específico de gusanos tiene varias características comunes, no todos prefieren las mismas condiciones (por ejemplo, algunos prefieren climas más cálidos, mientras que otros prosperan en climas fríos). Los animales jóvenes corren mayor riesgo, pero los gusanos del tracto gastrointestinal también pueden afectar a otros ejemplares, si éstos tienen menor inmunidad a los parásitos intestinales (como los toros, por ejemplo). Expulsados del tracto GIT, los nematodos parásitos pueden sobrevivir en el suelo durante varios días; la duración exacta depende de las condiciones climáticas y de si disponen de una fuente de nutrientes.

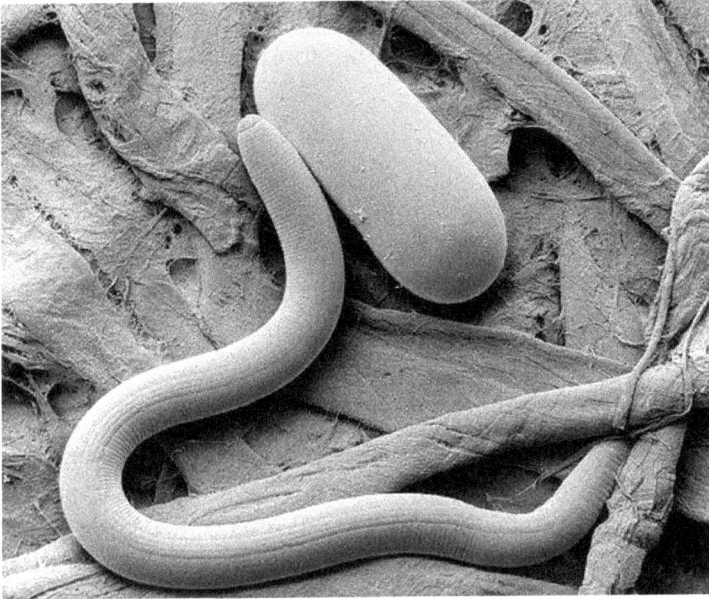
Expulsados del tracto gastrointestinal, los nematodos parásitos pueden sobrevivir en el suelo durante varios días

Fasciola hepática

Causada por los trematodos parásitos platyhelminths, la fasciola hepática es una enfermedad zoonótica que, si bien es frecuente en el ganado, también puede infectar a otros animales y a las personas. Los gusanos viven en el hígado y los conductos biliares y no pueden sobrevivir en el suelo más de dos días. Sin embargo, tienen otro huésped, los caracoles, lo que hace que zonas como marismas, manantiales, regiones costeras, pastos de regadío, abrevaderos, etc., sean fuentes potenciales de infección.

Teileriosis

La teileriosis es una enfermedad vectorial transmitida por garrapatas y, en raras ocasiones, por otros animales que pican o por agujas de inyección veterinaria reutilizadas. La provoca la theileria orientalis, un parásito de la sangre que causa anemia. El parásito puede sobrevivir en la superficie de los alimentos entre 12 y 24 horas, dependiendo de las condiciones.

Tricomoniasis

Causada por el parásito protozoario tritrichomonas foetus, la tricomoniasis es una enfermedad venérea que vive en el aparato genital del huésped y suele provocar la pérdida del embrión, el aborto y la muerte fetal en las hembras. Se transmite por apareamiento o inseminación, pero el parásito puede sobrevivir en superficies no vivas hasta 24 horas.

Toxoplasmosis

Causada por el parásito protozoario Toxoplasma gondii, la toxoplasmosis es otra zoonosis que se transmite por heces infectadas o, en algunos casos, por mordeduras de roedores. También puede transmitirse por la ingestión de tejidos infectados de otros animales. El parásito vive varios días en forma de quiste o de reproducción asexual en el estiércol y otras superficies.

Parásitos externos y enfermedades

Las moscas son parásitos comunes del ganado y, dependiendo de la especie, pueden causar problemas por sí mismas o transmitir enfermedades transmitidas por insectos. Por ejemplo, la mosca del búfalo pica y se alimenta de la sangre del animal agarrándose a su piel y poniendo huevos en su estiércol. Pueden recorrer más de diez kilómetros en busca de un huésped. Los animales en mal estado y los que tienen el pelaje más oscuro son más propensos a atraer a las moscas. Estos mismos animales corren más riesgo de contraer la picadura de mosca, causada por los moscardones que depositan sus huevos en los animales (en heridas, superficies mucosas sucias como la nariz, los genitales, etc.). Esta enfermedad es muy dolorosa y a menudo mortal. Las moscas molestas, por su parte, sólo se alimentan y crían en el estiércol, pero por la misma razón son portadoras de enfermedades que, transmitidas por las heces, pueden infectar al ganado.

Garrapatas

Aunque las garrapatas suelen tener huéspedes específicos (por ejemplo, las garrapatas del ganado sólo se alimentan e infectan al ganado vacuno), también pueden sobrevivir en otros animales y en seres humanos. Las garrapatas hembra depositan sus huevos en el mismo animal del que se alimentan. Las larvas eclosionan, se desarrollan en ninfas y se convierten en adultos en 21 días, permaneciendo a menudo adheridas y alimentándose del mismo animal. Las garrapatas son portadoras de enfermedades transmitidas por insectos, y algunas especies causan problemas de salud por sí solas.

Fiebre por garrapatas

Causada por parásitos sanguíneos y transmitida por garrapatas, la fiebre por garrapatas es una enfermedad grave que destruye las células sanguíneas del huésped, afecta a varios órganos y a menudo conduce a la muerte.

Parálisis por garrapatas

Ixodes holocyclus es una especie de garrapata que segrega una toxina en su saliva que provoca parálisis en animales y personas. Los pequeños animales de granja son más vulnerables que el ganado mayor debido a la proporción de toxina por masa corporal. Se trata de una garrapata de tres hospedadores. Cada fase tiene su hospedador, pero sólo los adultos pueden causar parálisis. Las fases de larva y ninfa son vulnerables y sólo pueden sobrevivir unas horas sin un hospedador. Lo mismo ocurre con las garrapatas de los arbustos, que transmiten el parásito sanguíneo Theileria orientalis a los animales de sangre caliente.

Piojos

El ganado es vulnerable tanto a los piojos chupadores como a los mordedores, ambos parásitos externos específicos del hospedador. Los piojos picadores (bovicola sp.) se prenden de la piel nasal y se alimentan de ella y de las bacterias que allí crecen. Los piojos chupadores (linognathus sp.), en cambio, tienen un aparato bucal específico que puede penetrar en la piel del animal, lo que les permite alimentarse de su sangre.

Parásitos del ganado, ciclos vitales y medidas de control

Estos son los ciclos vitales de los parásitos comunes del ganado y las fases en las que deben aplicarse medidas de control.

Nematodos

Salvo algunas excepciones, la mayoría de los nematodos tienen un ciclo vital similar, que es el siguiente:

1. Las hembras adultas de los nematodos ponen sus huevos en el intestino del animal.
2. Los huevos son expulsados al estiércol.
3. Mientras están en el estiércol, los huevos se convierten en larvas de primer estadio, que luego mudan a larvas de segundo estadio (como son menos móviles, las larvas son más vulnerables a las medidas antiparasitarias).

4. Al alimentarse del estiércol de los animales, las larvas alcanzan el segundo estadio de muda y se convierten en larvas de tercer estadio.

5. Las larvas de tercer estadio son más móviles y migran a la vegetación donde pastan los animales y las ingieren (antes de la ingestión, la infección aún puede controlarse con medidas preventivas de pastoreo).

6. Una vez ingeridas, las larvas de tercer estadio se convierten en larvas de cuarto estadio en un plazo de dos a cinco días.

7. Al cabo de 14 días, las larvas de cuarto estadio se convierten en nematodos adultos que pueden vivir hasta varios meses, alimentándose y reproduciéndose.

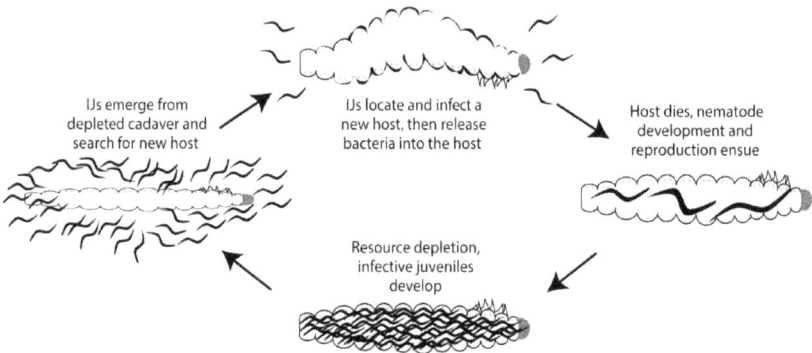

IJs emerge from depleted cadaver and search for new host

IJs locate and infect a new host, then release bacteria into the host

Host dies, nematode development and reproduction ensue

Resource depletion, infective juveniles develop

Salvo algunas excepciones, la mayoría de los nematodos tienen un ciclo vital similar

Adler Dillman, CC BY 4.0 <https://creativecommons.org/licenses/by/4.0>, via Wikimedia Commons:https://commons.wikimedia.org/wiki/File:EPN_Lifecycle.tif

Toxoplasma

Toxoplasma tiene al ganado como huésped definitivo tanto para la reproducción asexual como sexual. Dependiendo de la fase en la que se encuentre tras la ingestión, el ciclo vital del toxoplasma puede durar entre unos pocos días (para los bradizoítos) y tres semanas (para los taquizoítos). El ciclo de vida completo es el siguiente:

1. Tras el proceso de reproducción sexual, los parásitos producen ooquistes, que son expulsados del cuerpo del animal a través de las heces unas semanas después de la infección; es en este momento cuando las medidas de control son más eficaces, ya que pueden evitar el resto del ciclo.

2. Los ooquistes contienen esporoquistes, y en pocos días se desarrollan cuatro esporozoítos dentro de los esporoquistes,

comenzando el proceso de esporulación (reproducción asexual), la fase más rápida de reproducción.

3. Cuando otro animal ingiere los ooquistes esporulados (bradizoitos), los esporozoitos salen del ooquiste e invaden el intestino delgado del animal, donde penetran en los enterocitos (células intestinales) y el ritmo de reproducción se ralentiza.

4. Alternativamente, los esporozoitos pueden invadir las células sanguíneas y linfáticas del huésped (atravesando la pared intestinal) y convertirse en taquizoítos.

5. Como taquizoítos, llegan a los tejidos, donde se convierten en bradizoítos contenidos en quistes tisulares en el músculo cardíaco y esquelético, los ojos y los tejidos del sistema nervioso (aquí pueden aplicarse medidas de control y antiparasitarias para eliminar los quistes y reforzar la inmunidad del animal para evitar el desarrollo de quistes).

6. Los taquizoítos también pueden ser expulsados si alcanzan los intestinos (y, en consecuencia, ser ingeridos por otros animales).

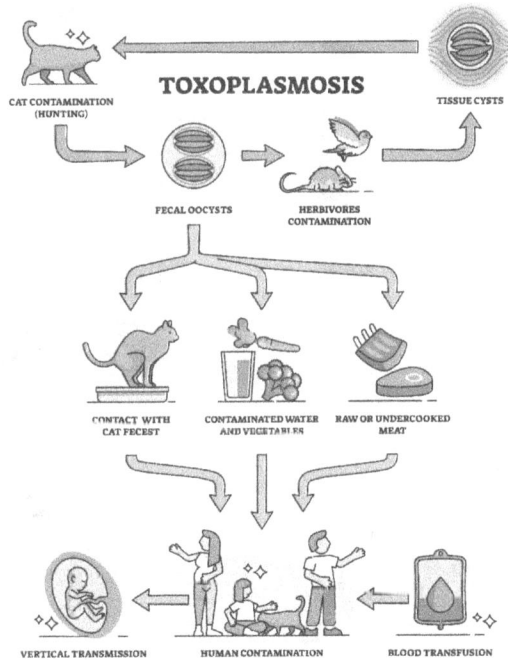

El toxoplasma tiene al ganado como huésped definitivo tanto para la reproducción asexual como sexual

Fasciola hepática

Como parásito de dos hospedadores, la fasciola hepática tiene a los caracoles y al ganado como primeros y definitivos hospedadores. El ciclo completo es el siguiente:

1. El parásito produce huevos en el caracol, donde se convierten en larvas de primera fase; sin la interacción del huésped, el ciclo no puede completarse, por lo que evitarlo es una medida antiparasitaria y de control crucial.

2. Las larvas de primera fase salen de los caracoles y llegan a la hierba, formando quistes.

3. Los animales que pastan consumen los quistes, que se rompen, y las larvas siguen desarrollándose.

4. Las larvas atraviesan la pared intestinal y llegan al hígado, donde se convierten en adultos que se alimentan del conducto biliar.

5. A través de la bilis, los gusanos adultos llegan a las heces, produciendo huevos que son expulsados al estiércol.

6. Los huevos son consumidos por los caracoles, donde el ciclo continúa (el ciclo completo dura hasta 21 días.

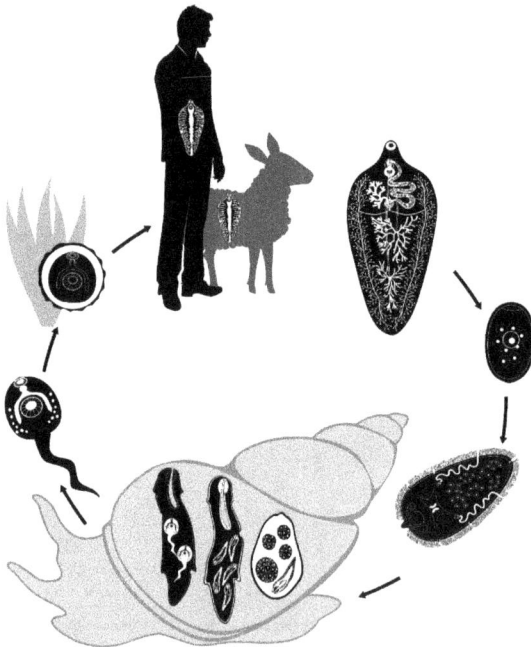

Como parásito de dos hospedadores, la fasciola hepática tiene a los caracoles y al ganado como primeros y definitivos hospedadores

Los efectos negativos de las infecciones parasitarias

Los parásitos del ganado tienen numerosos efectos adversos que repercuten en el bienestar animal y causan pérdidas económicas a los ganaderos. A continuación, se exponen los efectos negativos de las infecciones parasitarias en el ganado.

Deterioro del aumento de peso vivo

Al alimentarse en los intestinos del hospedador, los parásitos GIT desvían los nutrientes del hospedador, lo que provoca su incapacidad para ganar peso. Sin embargo, los parásitos externos y las enfermedades transmitidas por insectos también pueden tener el mismo efecto, ya que causan problemas circulatorios y gastrointestinales y reducen el apetito. Dependiendo del tipo de animales de que se trate y del grado de infección parasitaria, el aumento de peso puede reducirse hasta 90 libras.

Efecto sobre la producción de leche

Algunos parásitos que afectan a los órganos internos también pueden reducir la producción de leche en animales lactantes. Este es un efecto particularmente devastador desde el punto de vista económico para los animales criados por su leche. Las hembras más jóvenes (las que están en su primer o segundo periodo de lactación) se ven más afectadas por las infecciones parasitarias intensivas y corren más riesgo de ver reducida su producción de leche.

Reducción de la calidad de la carne

Dado que muchos animales se crían por su carne, la infección parasitaria que reduce la calidad de la res también puede representar un problema importante. Los nematodos son especialmente problemáticos, ya que forman quistes en los músculos, reduciendo su calidad y dificultando su crecimiento. En lugar de músculo, algunos de estos animales desarrollarán más grasa subcutánea, que no es tan rentable. Otros parásitos que causan una reducción del apetito, problemas gastrointestinales y una distribución limitada de sangre y nutrientes por el cuerpo pueden tener efectos similares.

Disminución del rendimiento reproductivo

Algunos parásitos pueden reducir la tasa de concepción y la capacidad reproductiva del ganado. Esto está ligado a la falta de ganancia de peso y al tipo de infección parasitaria. Por ejemplo, la toxoplasmosis es una causa comúnmente conocida de infertilidad en el ganado joven. La probabilidad de concepción y de intervalos regulares de cría aumenta si la infección parasitaria se cura antes de que los animales alcancen el peso de cría. Por otro lado, los parásitos gastrointestinales rara vez causan problemas de infertilidad o dificultan el rendimiento reproductivo del ganado.

Aumento de la tasa de mortalidad

La infección parasitaria puede aumentar la tasa de mortalidad del ganado por dos motivos. Si los parásitos causan síntomas que conducen a la incapacidad del animal para desarrollarse y curarse, pueden provocar su muerte. Por ejemplo, ciertos gusanos GIT pueden provocar una tasa de mortalidad del 100% en animales de uno a tres meses de edad. Los ejemplares jóvenes tienen un tracto intestinal más pequeño, que los gusanos obstruyen, impidiendo que el animal ingiera nutrientes. En el ganado adulto, esto rara vez ocurre porque su tracto intestinal es más grande. Además de la causa inmediata, los parásitos también pueden ser una causa indirecta de mortalidad del ganado porque comprometen el sistema inmunitario, de modo que los animales sucumben a otras afecciones mucho más graves. Por ejemplo, si una larva o quiste de gusano migra a los pulmones, puede causar neumonía o toxemia, debido a la incapacidad del organismo para combatir las infecciones.

Efectos en la salud pública

Ciertas infecciones parasitarias (como los triquinos o las tenias) pueden perjudicar a la salud pública. Estos parásitos pueden infectar a los humanos y a otros animales si no se aplican medidas de control inadecuadas. El tratamiento de estas infecciones secundarias agrava aún más la carga económica que supone la gestión de los parásitos.

Cómo afectan las variaciones estacionales a la prevalencia de las infecciones parasitarias

Las variaciones estacionales del tiempo y el clima pueden influir en la prevalencia e intensidad de las infecciones parasitarias. Por ejemplo, la mayoría de los protozoos muestran una mayor presencia en los meses más cálidos (de mayo a septiembre). En cambio, es más probable que los nematodos causen infecciones en invierno (de diciembre a febrero). Esto se debe probablemente a que la cría de ganado en libertad es más frecuente desde la primavera hasta el otoño, lo que crea las condiciones ideales para las infecciones por protozoos. Mientras pasta en pastos abiertos, el ganado está más expuesto a los parásitos externos y también puede ingerir los internos. Durante los meses de invierno, los animales suelen permanecer en un espacio cerrado y se controla su alimentación (tienen menos posibilidades de ingerir parásitos), lo que disminuye la prevalencia de algunas infecciones parasitarias. Además, los protozoos se ven más afectados por los cambios estacionales y los cambios de temperatura en el día a día, mientras que los nematodos no.

Si los animales se mantienen en un espacio cerrado durante el invierno y se reúnen en torno a una pequeña zona de alimentación, aumentan aún más las posibilidades de infecciones parasitarias causadas por nematodos. Durante los meses más cálidos (y en espacios cálidos y cerrados), las larvas de nematodos pueden desplazarse rápidamente y consumirán más nutrientes. Cuando los nutrientes escasean, las larvas dejan de moverse para conservar energía. Si no encuentran más nutrientes, morirán. El aumento de la pérdida de agua durante el verano acelera aún más este proceso. En climas y estaciones más fríos, las larvas no se moverán tan deprisa porque necesitan más energía para hacerlo. Sin embargo, pueden enroscarse y formar un quiste protector que les permite sobrevivir hasta varios meses, según la especie y las condiciones climáticas.

Algunos gusanos, como el gusano estomacal marrón o el gusano negro de la socavación, prefieren condiciones húmedas y frías, sobre todo en climas moderados, donde los inviernos se caracterizan por temperaturas más altas y fuertes precipitaciones. Otros gusanos, como el gusano barrenador, por ejemplo, prefieren condiciones cálidas y regiones con precipitaciones abundantes o mayor irrigación. Si el ganado pasta en pastos con grandes cantidades de precipitaciones (naturales o artificiales) durante el verano, estará más expuesto a este gusano.

Las larvas de mosca prefieren las condiciones cálidas, por lo que la prevalencia de moscas y picaduras de mosca es mayor durante los meses más cálidos que durante el invierno. El riesgo de picadura de mosca aumenta durante la primavera en cuanto las temperaturas superan los 63 grados Fahrenheit. Las precipitaciones y las condiciones de viento moderado durante la primavera y el otoño aumentan aún más la prevalencia de moscas y el desarrollo de larvas de mosca en el estiércol, la vegetación natural y otros lugares donde las moscas se sienten atraídas (por ejemplo, donde se acumula orina).

Curiosamente, los piojos no tienen preferencia por las condiciones climáticas y pueden proliferar con la misma facilidad durante el invierno que durante los meses más cálidos. Al igual que las moscas, los huevos y larvas de los piojos sobrevivirán en la vegetación y en las superficies y animales de un espacio cerrado. Es más probable que los piojos chupadores provoquen una infestación parasitaria durante el invierno, cuando los animales se mantienen en el interior.

Capítulo 2: Síntomas clínicos y diagnóstico

Las infecciones parasitarias en el ganado pueden tener consecuencias económicas y sanitarias devastadoras para los agricultores y ganaderos. Estos brotes e infecciones provocan una reducción de la productividad, pérdida de peso y, en casos graves, mortalidad. Para gestionar esta situación con eficacia, es esencial reconocer y diagnosticar estas afecciones con precisión. En este capítulo se analizan las infecciones parasitarias más comunes en cada especie ganadera, centrándose en su identificación y diagnóstico eficaces.

Los parásitos y el ganado

Tanto si se trata de una pequeña granja con unos pocos animales como de una explotación ganadera a escala industrial, estas infecciones, cuando no se atienden, dan lugar a muchos problemas, como pérdidas económicas, sufrimiento animal y consecuencias medioambientales. Para tener una perspectiva clara, he aquí por qué es necesario reconocer y diagnosticar a tiempo las infecciones parasitarias en el ganado.

Bienestar animal

Reconocer y diagnosticar a tiempo una infección o un brote parasitario es crucial para establecer la salud y el bienestar de los animales. Las molestias, el dolor y el sufrimiento que padecen los animales de cría pueden aliviarse mediante una intervención precoz. Estas infecciones parasitarias, si no se atienden, pueden llegar a provocar afecciones graves que provoquen daños en los órganos y, en algunos casos, incluso la muerte.

Impacto económico

Independientemente del número de animales que se cuiden, es necesario que la ganadería sea económicamente sostenible. Las infecciones y enfermedades parasitarias disminuyen la productividad, ya que los animales se enfrentan a problemas como la pérdida de peso, la reducción de la producción de leche o huevos y la disminución del rendimiento reproductivo. Todos estos factores pueden tener graves repercusiones económicas si no se tratan adecuadamente.

Prevención de la propagación de parásitos

Cuando se diagnostican a tiempo las infecciones parasitarias, se está en condiciones de evitar su propagación poniendo rápidamente en cuarentena a los animales infectados. Este enfoque proactivo ayuda a proteger al resto de la población de posibles brotes y minimiza la necesidad de tratamientos extensivos.

Tratamiento específico

Un diagnóstico preciso permite a los veterinarios y ganaderos desarrollar estrategias de tratamiento personalizadas. Este enfoque a medida reduce el uso innecesario de medicación y minimiza el riesgo de farmacorresistencia. Al centrarse en tratar únicamente a los animales infectados, los ganaderos pueden ahorrar costes.

Impacto medioambiental

Reconocer y diagnosticar las infecciones parasitarias también tiene implicaciones medioambientales positivas. El tratamiento de los animales infectados minimiza la propagación de parásitos a través de sus heces, lo que beneficia al ecosistema local y al resto del ganado que comparte el mismo entorno.

Seguridad alimentaria

Las infecciones parasitarias en el ganado pueden afectar a la seguridad y calidad de la carne, la leche y los huevos. Mediante un diagnóstico preciso y un tratamiento posterior, los ganaderos pueden garantizar que estos productos cumplen las normas de seguridad y calidad, salvaguardando la salud de los consumidores y preservando la reputación de las explotaciones ganaderas.

Investigación y epidemiología

El diagnóstico preciso de las infecciones parasitarias ofrece datos valiosos para la investigación y los estudios epidemiológicos. Esta información ayuda a los científicos a comprender la prevalencia y distribución de las infecciones parasitarias en diferentes poblaciones ganaderas. Dicha investigación constituye la base para desarrollar estrategias de control y prevención más eficaces, lo que en última instancia beneficia a la industria ganadera.

En varias regiones existen requisitos legales para controlar y tratar las infecciones del ganado. El diagnóstico adecuado y el cumplimiento de estas normas son esenciales para prevenir posibles consecuencias legales, garantizando el cumplimiento de las leyes y normativas locales.

Signos clínicos habituales

Los signos clínicos de diversas enfermedades animales pueden clasificarse en función de los sistemas orgánicos o partes del cuerpo afectados. Estos son algunos signos clínicos comunes que se pueden encontrar en diferentes sistemas orgánicos.

Signos gastrointestinales:

- **Diarrea**: Común en las infecciones parasitarias gastrointestinales, la diarrea puede variar en gravedad y puede contener moco o sangre.

- **Pérdida de peso**: Los parásitos pueden provocar una pérdida de peso crónica debido a una menor absorción de nutrientes.

- **Disminución del apetito**: Los animales infectados pueden comer menos, lo que provoca desnutrición.

- **Mandíbula en botella (edema de la mandíbula inferior):** Hinchazón debajo de la mandíbula debida a edema y anemia, a menudo observada en pequeños rumiantes con gran carga de lombrices gastrointestinales.

- **Deshidratación:** La diarrea persistente puede causar deshidratación, ojos hundidos, membranas mucosas secas y disminución de la elasticidad de la piel.

- **Dolor abdominal** : Algunos animales pueden presentar cólicos o malestar en respuesta a los parásitos gastrointestinales.

- **Edema submandibular (enfermedad de Brisket):** Hinchazón debajo de la mandíbula o en la zona del pecho, común en ganado con alta carga de parásitos.

Signos dermatológicos:

- **Pérdida de pelo (alopecia):** Las infecciones parasitarias de la piel, como los ácaros de la sarna, pueden provocar la caída del pelo e irritación de la piel.

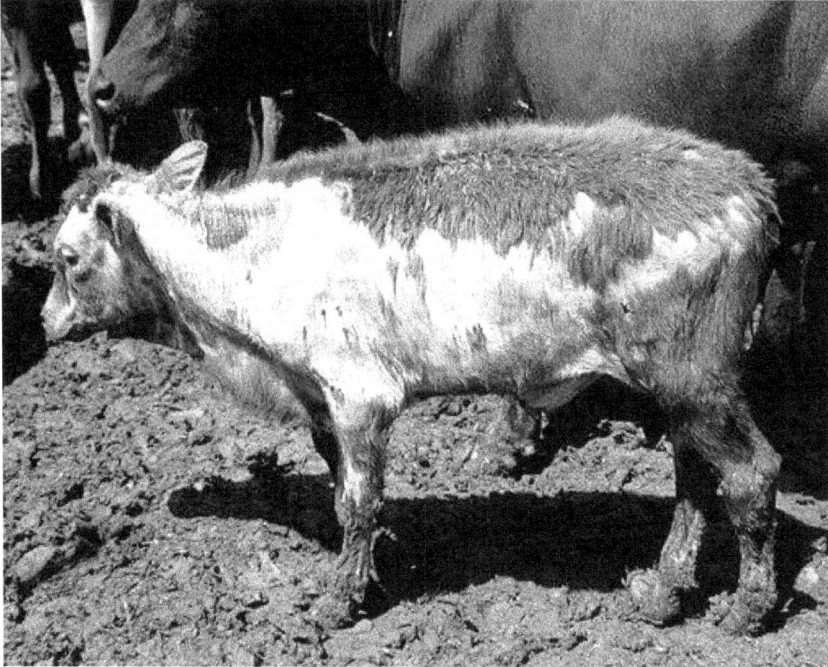

Las infecciones parasitarias de la piel, como los ácaros de la sarna, pueden provocar la caída del pelo e irritaciones cutáneas

Alan R Walker, CC BY-SA 3.0 < https://creativecommons.org/licenses/by-sa/3.0>, via Wikimedia Commons:https://commons.wikimedia.org/wiki/File:Sweating-sickness-Zimbabwe.jpg

- **Lesiones cutáneas:** Las afecciones cutáneas como la dermatofitosis provocan costras en la piel.

- **Rascado o frotamiento intensos:** Los animales pueden rascarse o frotarse excesivamente debido al picor causado por los parásitos, lo que provoca la caída del pelo y daños en la piel.

- **Prurito:** El picor intenso es un síntoma de varios parásitos de la piel, que hace que los animales se rasquen y se froten la piel en carne viva.

- **Costras y descamación:** Las zonas afectadas pueden desarrollar costras, escamas o descamación debido a la irritación de la piel.

Signos respiratorios:

- **Tos:** las infecciones por lombrices pulmonares pueden provocar tos y dificultad respiratoria, sobre todo en el ganado vacuno y los pequeños rumiantes.

- **Secreción nasal:** Se observa en casos de infecciones por pulmonaria y bloqueo nasal, con mucosidad o secreción nasal por las fosas nasales.

- **Disnea:** En los casos graves de infección por pulmonaria puede producirse dificultad respiratoria.

- **Crepitaciones y sibilancias:** Pueden auscultarse ruidos pulmonares anormales en animales con infecciones por parásitos.

Signos oculares:

- **Conjuntivitis:** En bovinos y ovinos, se producen irritaciones e inflamaciones oculares con ciertos parásitos oculares, como la thelazia.

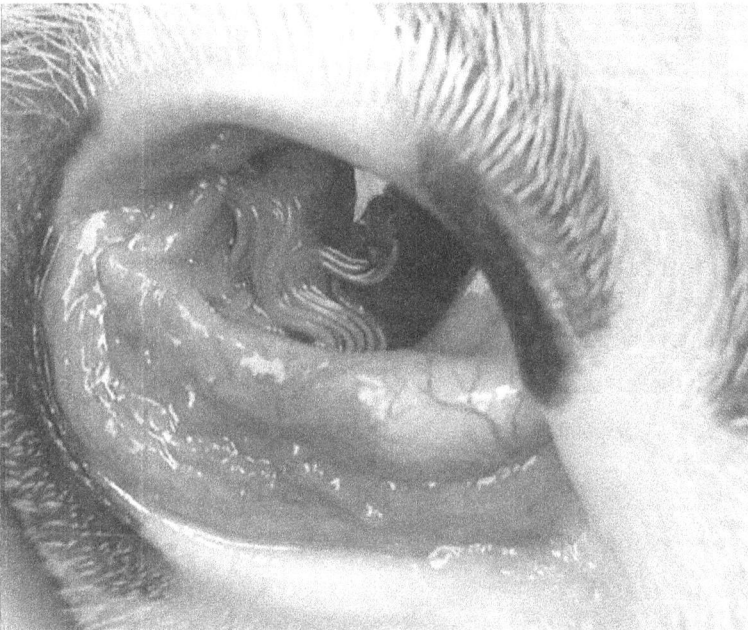

En el ganado bovino y ovino, ciertos parásitos oculares, como la thelazia, provocan irritación e inflamación ocular

https://commons.wikimedia.org/wiki/File:Thelazia_callipaeda_in_dog.jpg

- **Secreción ocular:** El lagrimeo excesivo o la secreción de los ojos puede ser consecuencia de la irritación por parásitos oculares o de la migración de larvas en los ojos.

- **Opacidades corneales:** En los casos de queratitis parasitaria pueden observarse opacidades u opacidades en la córnea.
- **Úlceras corneales:** Las infecciones oculares parasitarias pueden provocar úlceras en la córnea, que causan dolor y molestias.

Signos neurológicos:

- **Circulación o inclinación** de la cabeza: Signos de migraña larvaria neural causada por ciertos parásitos, como el Baylisascaris, que provocan incoordinación y movimientos anormales de la cabeza.
- **Incoordinación o parálisis**: Las infestaciones por ciertos parásitos pueden afectar al sistema nervioso, provocando incoordinación y parálisis en los animales afectados.
- **Temblores o convulsiones:** Algunas infecciones parasitarias pueden provocar temblores o convulsiones, afectando a la coordinación muscular.

Signos hematológicos:

- **Anemia:** Los parásitos que se alimentan de sangre, como las garrapatas y los gusanos haemonchus, pueden provocar anemia, con la consiguiente palidez de las mucosas y debilidad.
- **Membranas mucosas pálidas:** La anemia, caracterizada por encías y ojos pálidos, es un signo común debido a la pérdida de glóbulos rojos.
- **Trombocitopenia:** Ciertas infecciones parasitarias provocan una disminución del recuento de plaquetas, lo que aumenta el riesgo de trastornos hemorrágicos.

Signos urogenitales:

- **Infecciones urinarias:** Ciertos parásitos pueden afectar al sistema urinario, provocando signos como micción frecuente, dolor al orinar o malestar.

Signos reproductivos:

- **Abortos:** Los parásitos protozoarios como la neospora y el toxoplasma pueden provocar abortos en el ganado vacuno, con las consiguientes pérdidas reproductivas.
- **Celo prolongado**: Algunas infecciones parasitarias pueden alterar el ciclo estral, provocando periodos de celo prolongados o irregulares.

- **Disminución de la libido:** Las infecciones parasitarias pueden disminuir la libido en los machos, reduciendo la actividad de apareamiento.
- **Retraso de la pubertad:** Las infestaciones por determinados parásitos pueden retrasar el inicio de la madurez sexual en animales jóvenes.

Signos gástricos:

- **Distensión ruminal:** Común en ganado con infecciones parasitarias gastrointestinales, los parásitos pueden interferir con los procesos digestivos normales y causar distensión abdominal.
- **Úlceras gástricas:** Algunos parásitos pueden provocar úlceras gástricas, causando dolor, disminución del apetito y pérdida de peso en los animales afectados.

Signos hepáticos:

- **Infección por fasciola hepática (Fasciola hepática):** En el ganado ovino y bovino, las infecciones por fasciola hepática pueden provocar daños en el hígado, con signos como ictericia (coloración amarillenta de las membranas mucosas y de la piel), falta de apetito y aumento del tamaño del hígado.
- **Ascitis (acumulación de líquido abdominal):** Las infecciones por trematodos hepáticos pueden provocar ascitis, con un abdomen hinchado y lleno de líquido.

Estos signos clínicos pueden variar en función del parásito y de la especie hospedadora afectada. El diagnóstico y el tratamiento precisos suelen requerir consultas veterinarias, pruebas diagnósticas y estrategias de gestión específicas para los parásitos y las especies ganaderas.

Los veterinarios reconocerán estos signos clínicos y realizarán exámenes exhaustivos para diagnosticar y tratar las afecciones subyacentes de la salud animal. El estudio de estos signos conduce a pistas valiosas y orienta las investigaciones diagnósticas ulteriores.

Diagnóstico de las infecciones parasitarias

Aunque los signos clínicos comunes se mencionan anteriormente, en esta sección aprenderá a identificarlos y diagnosticarlos en el ganado y a identificar ejemplos de infecciones parasitarias comunes en cada especie.

Infecciones parasitarias comunes en el ganado

Nematodos gastrointestinales:

- **Ostertagia Ostertagi (gusano marrón del estómago):** Este gusano afecta principalmente al abomaso (el cuarto estómago) y puede causar signos clínicos como diarrea, pérdida de peso y reducción del consumo de alimento. En casos graves, puede provocar anemia debido a estos parásitos que se alimentan de sangre.

- **Especies de Cooperia:** Estas pequeñas lombrices intestinales causan diarrea, escasa ganancia de peso y una utilización subóptima del alimento.

- **Haemonchus Contortus (gusano barrenador):** Es otro gusano hematófago que puede causar anemia grave, palidez de las mucosas, mandíbula de botella (hinchazón debajo de la mandíbula), pérdida de peso y muerte si no se trata.

- **Fasciola hepática:** Las infecciones por fasciola hepática pueden reducir la producción de leche y provocar ictericia (coloración amarillenta de las mucosas) y pérdida de peso. Afectan principalmente al hígado y a los conductos biliares.

- **Gusanos pulmonares (Dictyocaulus Viviparus):** Las infecciones por gusanos pulmonares provocan tos, aumento de la frecuencia respiratoria y secreción nasal debido a daños en los pulmones y las vías respiratorias.

- **Garrapatas y ácaros:** Los parásitos externos como la garrapata común del ganado (rhipicephalus (boophilus) microplus) causan irritación de la piel, inquietud, pérdida de pelo y transmisión de enfermedades como la anaplasmosis.

Reconocimiento y diagnóstico:

- **Signos clínicos:** Aunque para los principiantes puede resultar difícil identificar los signos, los veterinarios y los ganaderos experimentados pueden reconocer las infecciones parasitarias basándose en los signos clínicos observados, como diarrea, tos y lesiones cutáneas.

- **Recuento de huevos en heces:** El examen de muestras fecales utilizando técnicas como el método McMaster para ayudar a identificar el tipo y la cantidad de huevos de gusanos internos, ayudando en las decisiones de desparasitación.

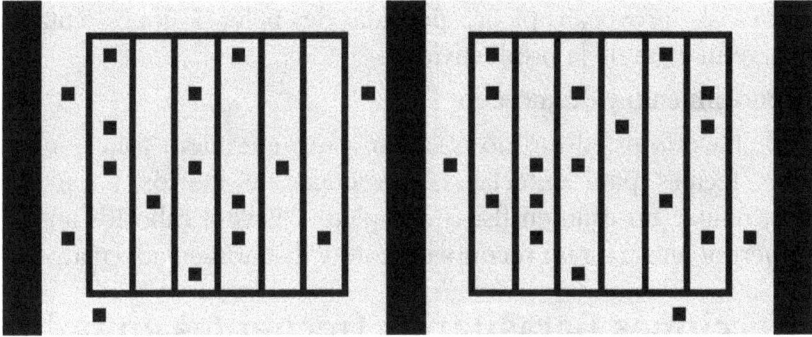

Examinar muestras fecales utilizando técnicas como el método McMaster para ayudar a identificar el tipo y la cantidad de huevos de lombrices internas

- **Análisis de sangre:** Los parámetros sanguíneos indican anemia debida a parásitos hematófagos como Haemonchus contortus.

- **Examen físico:** Los veterinarios suelen realizar exámenes físicos exhaustivos para identificar parásitos externos y evaluar el estado general de salud.

- **Examen post mortem:** En caso de enfermedad grave o muerte, las necropsias (exámenes post mortem) pueden confirmar la presencia y el alcance de las infecciones parasitarias.

Infecciones parasitarias comunes en ovejas y cabras

Nematodos gastrointestinales:

- **Teladorsagia Circumcincta (gusano peludo del estómago):** Estos gusanos pueden causar síntomas como diarrea, pérdida de peso y anemia en ovejas y cabras.

- **Especies de Trichostrongylus:** Las pequeñas lombrices intestinales provocan diarrea, debilidad y reducción de la eficiencia alimentaria.

- **Nematodirus spp. (lombrices intestinales de cuello fino):** Estos parásitos provocan diarrea y pérdida de peso, sobre todo en animales jóvenes.

- **Coccidiosis (Eimeria spp.):** Esta infección protozoaria provoca diarrea sanguinolenta, deshidratación, letargo y pérdida de peso.

- **Piojos y ácaros:** Los parásitos externos, como el piojo de las ovejas (melophagus ovinus) y el ácaro de la sarna (psoroptes ovis), provocan picor, pérdida de pelo, lesiones cutáneas y reducción de la productividad.

Reconocimiento y diagnóstico:

Puede hacerlo usted mismo o llamar a un veterinario para que analice muestras fecales para detectar la presencia de huevos y esporas de gusanos, realice un examen físico completo y lleve a cabo los análisis de sangre pertinentes para un reconocimiento y diagnóstico adecuados.

Infecciones parasitarias frecuentes en pollos

Gusanos internos:

- **Ascárides (gusanos redondos):** Los pollos pueden experimentar un menor aumento de peso, disminución de la producción de huevos y debilidad general.
- **Gusanos cinta**: Estos parásitos pueden causar un escaso aumento de peso.
- **Gusanos cecales (heterakis gallinarum):** Las infecciones por estos gusanos provocan un crecimiento y una producción de huevos deficientes.
- **Coccidiosis (eimeria spp.)**: Los pollos pueden desarrollar diarrea sanguinolenta, deshidratación, letargo y pérdida de peso.
- **Parásitos externos (por ejemplo, ácaros y piojos):** La pérdida de plumas, la irritación de la piel y la reducción de la puesta de huevos son síntomas comunes.

El examen de muestras fecales en busca de huevos de parásitos, los exámenes físicos y una evaluación veterinaria son necesarios para una mejor intervención.

Infecciones parasitarias frecuentes en caballos

Parásitos gastrointestinales:

- **Pequeños estróngilos (ciatostominas):** Estos gusanos pueden causar cólicos, pérdida de peso, diarrea y letargo.
- **Estrongilos grandes (strongylus spp.):** Las infecciones pueden provocar cólicos, intranquilidad y, en casos graves, cólicos tromboembólicos.
- **Ascárides (parascaris equorum):** Los caballos jóvenes con infecciones por ascárides pueden presentar tos, dificultad

respiratoria y obstrucciones intestinales.

- **Parásitos externos (por ejemplo, garrapatas y ácaros)**: Inquietud, prurito, lesiones cutáneas y disminución de la salud general son síntomas comunes.

Para reconocer y diagnosticar estas infecciones parasitarias es obligatorio realizar una evaluación veterinaria, una análisis de la muestra fecal, un examen físico y análisis de sangre.

Recuerde que consultar a un veterinario es esencial para reconocer y diagnosticar con precisión las infecciones parasitarias en el ganado. Los veterinarios tienen la experiencia necesaria para interpretar los resultados del diagnóstico, elaborar planes de tratamiento y orientar los programas de control parasitario, garantizando la salud y el bienestar de los animales.

Herramientas de diagnóstico

El diagnóstico de las infecciones parasitarias en animales implica diversas técnicas y herramientas para los parásitos específicos y las especies afectadas. A continuación, se presentan algunos métodos y herramientas de diagnóstico estándar utilizados para identificar infecciones parasitarias en el ganado y otros animales:

Recuento de huevos en heces (CEF)

El recuento de huevos en heces se utiliza habitualmente para diagnosticar infecciones parasitarias, en particular parásitos gastrointestinales como los nematodos (ascárides). Esta técnica examina muestras fecales de animales al microscopio para contar el número de huevos de parásitos presentes. Este método no es invasivo, es rentable y proporciona información cuantitativa sobre el nivel de infección.

Los FEC ayudan a veterinarios y ganaderos a calibrar la gravedad de las infecciones parasitarias, controlar la eficacia del tratamiento y tomar decisiones informadas sobre las estrategias de desparasitación. Sin embargo, es vital tener en cuenta que los FEC pueden no detectar infecciones larvarias o prepatentes (infecciones en las primeras fases). Las muestras fecales frescas y las técnicas de laboratorio adecuadas son esenciales para obtener resultados precisos.

Análisis de sangre

Los análisis de sangre son una herramienta de diagnóstico versátil para diversas infecciones parasitarias. Analizan muestras de sangre para detectar antígenos específicos del parásito o anticuerpos producidos por la respuesta inmunitaria del huésped. Los análisis de sangre pueden identificar muchos parásitos, incluidos los que se transmiten por la sangre (por ejemplo, el tripanosoma) y algunos parásitos internos.

Una de las principales ventajas de los análisis de sangre es que el veterinario puede detectar infecciones parasitarias incluso antes de que aparezcan signos clínicos, lo que los hace valiosos para una intervención precoz. Estas pruebas pueden ayudar a diagnosticar infecciones crónicas o latentes. Para realizar los análisis de sangre se necesita un equipo de laboratorio especializado, y en algunos casos no siempre es fácil diferenciar entre infecciones actuales y pasadas.

Raspados cutáneos y biopsias

Los raspados cutáneos y las biopsias se utilizan para diagnosticar infecciones parasitarias que afectan a la piel o parásitos que viven en ella, como ácaros y piojos. Con este método se recogen muestras de las zonas cutáneas afectadas y se examinan al microscopio.

Los raspados cutáneos y las biopsias son un método directo y preciso para diagnosticar infestaciones ectoparasitarias y afecciones de la piel. Esta técnica requiere experiencia para recoger e interpretar correctamente las muestras. También puede pasar por alto parásitos profundamente arraigados que no son accesibles mediante raspado.

Necropsia

La necropsia, o examen post mortem, consiste en el examen minucioso de animales muertos para identificar parásitos internos y comprender el impacto de estos parásitos en la salud del animal. Este método es beneficioso para diagnosticar infecciones parasitarias internas, incluidos los parásitos hepáticos.

La necropsia ofrece un diagnóstico definitivo de los efectos de los parásitos en los órganos internos. Es crucial para la investigación, la comprensión de la dinámica de las enfermedades y el seguimiento de la salud de una población ganadera. La necropsia requiere el sacrificio del animal y no se aplica a los animales vivos.

Pruebas serológicas

Las pruebas serológicas consisten en el análisis de sangre para detectar anticuerpos o antígenos específicos asociados a infecciones parasitarias. Estas pruebas diagnostican infecciones parasitarias, especialmente las que causan afecciones crónicas o latentes. También pueden indicar la exposición a parásitos específicos. Las pruebas serológicas ayudan a diagnosticar infecciones crónicas o latentes que otros métodos pueden no detectar. La interpretación de los resultados serológicos puede ser compleja, y la presencia de anticuerpos no significa necesariamente una infección activa. Además, los resultados de las pruebas pueden variar en función del estadio de la infección.

PCR (reacción en cadena de la polimerasa)

La reacción en cadena de la polimerasa (PCR) es una técnica de diagnóstico molecular que amplifica y detecta el ADN o el ARN del parásito. Es un método muy sensible y específico capaz de identificar diversos parásitos, incluidos protozoos y ciertos helmintos (gusanos). La PCR ofrece la ventaja de una alta sensibilidad, capaz de detectar infecciones de bajo nivel. Es ventajosa en casos en los que otros métodos de diagnóstico han fallado. Sin embargo, requiere equipos de laboratorio y conocimientos especializados, lo que la hace menos accesible en algunos entornos.

Ecografía

La ecografía consiste en el uso de ondas sonoras para visualizar las estructuras internas del cuerpo, lo que ayuda a identificar infecciones parasitarias específicas de órganos. Se utiliza con frecuencia para diagnosticar los parásitos hepáticos y otros parásitos internos que afectan a los órganos. La ecografía es un método de diagnóstico por imagen no invasivo y en tiempo real que proporciona información valiosa sobre la salud de los órganos y los posibles daños o lesiones causados por parásitos. La realización de ecografías requiere equipos y formación especializados, y es posible que no detecte infecciones pequeñas o en estadios tempranos.

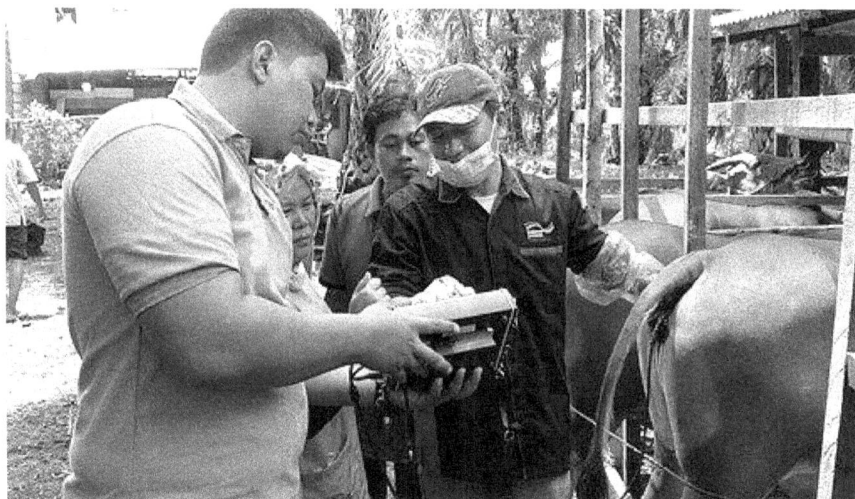

La ecografía es un método de imagen no invasivo y en tiempo real que proporciona información valiosa sobre la salud de los órganos y cualquier posible daño o lesión causados por parásitos
Langgeng Anggitobumi, CC BY-SA 4.0 <https://creativecommons.org/licenses/by-sa/4.0>, via Wikimedia Commons:https://commons.wikimedia.org/wiki/File:USG_Pada_sapi_Bali.jpg

Frotis e impresiones cutáneas

Los frotis y las impresiones cutáneas son técnicas sencillas y no invasivas que se utilizan para recoger muestras de las zonas afectadas de la piel de los animales. Estas muestras se examinan a continuación para detectar ectoparásitos o afecciones cutáneas. Es un método sencillo y cómodo que puede realizarse sobre el terreno sin necesidad de equipos especializados. Aunque los frotis cutáneos revelan información sobre infestaciones por parásitos externos, no pueden detectar todos los parásitos o infecciones cutáneas, en particular los parásitos profundamente arraigados inaccesibles mediante frotis.

Flotación fecal

La flotación fecal es una técnica utilizada para diagnosticar infecciones parasitarias animales mediante el examen de muestras fecales. En este método, las muestras se mezclan con una solución de flotación, lo que hace que los huevos o quistes de parásitos floten hasta la superficie, donde pueden observarse al microscopio. Es un método rentable para detectar determinados parásitos, en particular protozoos y algunos helmintos. Ayuda a identificar tipos específicos de parásitos y a evaluar la gravedad de las infecciones.

Histopatología

La histopatología consiste en el examen de muestras de tejido al microscopio para identificar los parásitos que habitan en los tejidos o evaluar el grado de daño tisular causado por las infecciones parasitarias. Este método es útil para diagnosticar parásitos que afectan a órganos o tejidos.

La histopatología revela información detallada sobre el daño tisular y la localización de los parásitos en el tejido afectado. También requiere equipos de laboratorio especializados y experiencia para la correcta recogida, procesamiento e interpretación de las muestras.

Cada método de diagnóstico desempeña un papel fundamental en la identificación de las infecciones parasitarias en los animales. La elección del método depende del tipo de parásito, el sistema orgánico afectado, la especie animal y las circunstancias específicas del caso. Los veterinarios y parasitólogos utilizan estas herramientas para diagnosticar infecciones y desarrollar tratamientos adecuados con precisión.

Manipulación de muestras para pruebas

La recogida, el almacenamiento y el transporte adecuados de las muestras son esenciales para garantizar la fiabilidad de los resultados. A continuación, se ofrecen directrices para la recogida y manipulación de muestras para diferentes pruebas diagnósticas, junto con la importancia de un almacenamiento y transporte adecuados:

Muestras fecales (recuento de huevos en heces, flotación fecal)

Recogida

- Utilizar recipientes limpios y no contaminados para la recogida de muestras.
- Recoger muestras fecales frescas directamente del recto o inmediatamente después de la defecación.
- Asegúrese de que la muestra sea representativa del estado del animal y recoja una cantidad suficiente para realizar varias pruebas si es necesario.

Manipulación

- Etiquete el recipiente de la muestra con la identificación del animal y la fecha de recogida.

- Guarde la muestra en un lugar fresco y seco, alejado de la luz solar directa, y séllela para evitar la deshidratación.
- Evite la contaminación con tierra o material de cama.

Transporte

Para el recuento de huevos fecales, transporte la muestra a un laboratorio o clínica veterinaria lo antes posible. Si se prevé un retraso, guarde la muestra en un frigorífico (4 °C), pero evite congelarla, ya que la congelación puede dañar los huevos del parásito.

Muestras de sangre (análisis de sangre, pruebas serológicas)

Recogida

- Utilizar tubos o jeringas de extracción de sangre estériles y sellados al vacío.
- Recoger la sangre de una vena adecuada, siguiendo técnicas asépticas.
- Etiquete el recipiente de la muestra con la identificación del animal y la fecha de recogida.

Manipulación

- Dejar coagular la sangre dejando la muestra a temperatura ambiente durante 30-60 minutos.
- Centrifugar la muestra para separar el suero de la sangre coagulada.
- Transfiera el suero a un tubo limpio y etiquetado, evitando la contaminación.

Almacenaje

- Guarde la muestra de suero en un frigorífico (4°C) para evitar su degradación.
- Evite la congelación y descongelación repetidas, que pueden afectar a la integridad de la muestra.

Transporte

Transportar la muestra de suero al laboratorio en un recipiente a prueba de fugas, manteniendo una cadena de frío (utilizar bolsas de hielo o neveras si es necesario) para evitar fluctuaciones de temperatura.

Raspados y biopsias cutáneas
Recogida

- Recoger muestras de las zonas cutáneas afectadas utilizando una hoja de bisturí estéril o un instrumento similar.
- Asegúrese de que las muestras incluyan la epidermis y cualquier parásito o lesión cutánea sospechosos.

Manipulación

- Coloque las muestras recogidas en un recipiente etiquetado, asegurándose de que no haya contaminación cruzada.
- Pueden utilizarse soluciones fijadoras (por ejemplo, formol al 10%) para conservar las muestras para histopatología.

Almacenaje

Guarde las muestras fijadas en un lugar fresco y oscuro, o refrigérelas según los requisitos específicos de la prueba.

Transporte

Transportar las muestras al laboratorio en un recipiente hermético y a prueba de fugas, asegurándose de que se preserva la integridad de la muestra durante el transporte.

Muestras para necropsia
Recogida

- Un veterinario o patólogo cualificado debe realizar las necropsias.
- Recoger muestras representativas de los tejidos u órganos afectados, garantizando un etiquetado y documentación adecuados.

Manipulación

- Mantenga las muestras separadas y bien etiquetadas para evitar la contaminación cruzada.
- Manipule las muestras con cuidado para preservar su integridad.

Almacenaje

- Conserve las muestras de tejido en formol u otros fijadores apropiados.
- Mantenga las muestras frías y protegidas de la contaminación antes de transportarlas.

Transporte

Transporte las muestras a un laboratorio de diagnóstico, siguiendo los requisitos específicos del laboratorio en materia de embalaje y envío.

La manipulación, el almacenamiento y el transporte adecuados de las muestras son cruciales para obtener resultados diagnósticos precisos. El incumplimiento de estas directrices puede provocar la degradación, contaminación o resultados poco fiables de las pruebas. En caso de duda, consulte a un veterinario o a un laboratorio de diagnóstico sobre las pruebas de diagnóstico específicas y los requisitos del tipo de muestra.

Capítulo 3: Elegir los métodos naturales adecuados

Utilizar métodos naturales de control de parásitos para rebaños sanos puede resultar difícil porque rompen con la norma aceptada. Por ello, puede resultar difícil recibir la información y los consejos adecuados. La gente se ha acostumbrado a utilizar las soluciones químicas de venta libre recomendadas. Explorar vías naturales para erradicar los parásitos y desparasitar a los animales tiene muchas ventajas. Aunque los métodos químicos tradicionales funcionan por ahora, algunos parásitos ya se están adaptando, haciéndose resistentes a los antiparasitarios comerciales de uso común. Por lo tanto, la necesidad de encontrar alternativas a medida que las opciones químicas utilizadas tradicionalmente se vuelven ineficaces está aumentando exponencialmente. Además, el impacto medioambiental de la producción y el transporte de productos farmacéuticos va en contra de una explotación sostenible.

La gran variedad de animales y las relaciones parasitarias específicas de cada especie dificultan la aplicación de cuidados generales. Dotarse de los conocimientos adecuados abre un nuevo mundo en el tratamiento sostenible de su ganado. Apoderarse de los remedios naturales contra los parásitos abre la puerta a una tradición milenaria que lleva siglos creando sistemas de eficacia probada. El uso de plantas y hierbas para el control de parásitos es una práctica extendida por todo el mundo. Las antiguas culturas nórdicas preparaban medicinas vegetales cuidadosamente mezcladas para su ganado, y la gente sigue informando de la eficacia de estos métodos en estas regiones.

El uso de plantas y hierbas para el control de parásitos es una práctica extendida por todo el mundo

A medida que crezca el movimiento a favor de prácticas más sostenibles, habrá una mayor demanda de remedios procedentes de zonas geográficas locales. El aumento de la conciencia medioambiental entre muchos ganaderos ha generado el desarrollo de la lucha antiparasitaria utilizando ingredientes de su región local. Por ello, la investigación sobre desparasitación natural y control de parásitos no deja de crecer. Accediendo a lo que se sabe y ajustándolo a sus necesidades, a los animales que cría y a los factores ambientales propios de su ecosistema, puede extraer todos los beneficios de los remedios naturales, minimizando sus inconvenientes.

Desparasitación natural y control de parásitos

La desparasitación natural y el control de parásitos son soluciones a base de hierbas y plantas para tratar al ganado, en lugar de medicamentos que se pueden comprar sin receta o adquirir de un veterinario. Alguien motivado para utilizar opciones de desparasitación natural podría estar siguiendo este camino por numerosas razones, incluyendo la resistencia de los parásitos detectada y el deseo de ser más respetuoso con el medio ambiente en sus enfoques de cría. El manejo natural de parásitos está vinculado a toda una filosofía que hace hincapié en trabajar dentro de las condiciones de los hábitats locales para lograr los resultados de cría deseados. Seguir las directrices de la desparasitación natural es una práctica regenerativa que promueve vínculos mutuamente beneficiosos entre la naturaleza, usted mismo y su ganado.

Cuando se piensa en la cría de ganado ecológico, lo primero que suele venir a la mente es el uso de antibióticos. El desarrollo de bichos resistentes a los antibióticos hizo que muchos ganaderos optaran por la vía ecológica. Sin embargo, al centrarse la atención en los resultados negativos del uso excesivo de antibióticos, se pasaron por alto los antiparasitarios naturales (llamados *antihelmínticos*). Ser verdaderamente ecológico y volver a conectar con la naturaleza y la curación implica una revisión completa de la forma de tratar y mantener el ganado. La desparasitación natural no es tan sencilla como echar unas pastillas en el pienso. Debe tener en cuenta lo que planta en sus pastos y cómo se conecta su cadena alimentaria a nivel micro y macro. Siendo observador y consciente, comprenderá mejor las complejas redes naturales que dan como resultado un ganado sano.

Cuando considera su granja como un ecosistema interdependiente y por qué los organismos interactúan de forma mutuamente beneficiosa u hostil, empieza a ver el panorama general de la gestión de parásitos. Los antiparasitarios químicos tienen un enfoque demasiado limitado porque se centran en el parásito como un problema para el animal, en lugar de considerar el entorno desde una perspectiva más amplia. Los animales que elige criar, los pastos que siembra, cómo los maneja y la limpieza de su granja juegan un papel importante en la creación de una situación en la que los parásitos prosperan o en la que se mantienen a niveles manejables.

Cuando utilice métodos antiparasitarios naturales, tendrá que estar más presente en la existencia de su ganado. Los animales afectados por parásitos se comportarán de forma diferente y mostrarán signos de necesitar desparasitación. También tiene que captar si el entorno de sus pastos se presta a ser un caldo de cultivo para los parásitos. Ser capaz de observar estos matices se consigue con una cuidadosa educación y práctica. Adoptar métodos naturales para eliminar los parásitos requiere un cambio de estilo de vida, ya que es necesario reestructurar la granja o el huerto siguiendo el enfoque holístico que exige la naturaleza.

La gestión de parásitos es algo más que una visita al veterinario. Debe comprender tanto los ciclos vitales de los animales que cría, cómo se relacionan entre sí las distintas especies, como los ciclos vitales y el funcionamiento de los organismos parásitos. Un parásito puede vivir en el interior de un animal durante parte de su vida y pasar a la siguiente fase a través de la materia fecal. Una vez que integre el control natural de parásitos en sus rutinas, notará que los métodos fomentan la biodiversidad, y que abastecerse de lo que consume localmente contribuye positivamente a la regeneración del medio ambiente. Desde las personas que consumen carne hasta las plantas, los animales y los granjeros, todos se beneficiarán de su compromiso con la transición al uso de remedios y técnicas naturales caseros para eliminar los parásitos.

Por qué elegir métodos naturales en lugar de productos químicos artificiales

El uso de técnicas antiparasitarias naturales y de productos químicos artificiales tiene sus pros y sus contras. Cuando se sopesan ambos métodos, la vía natural sale mejor parada de cualquier producto químico del mercado por muchas razones. Cuando se examina qué es mejor, el enfoque naturalista o el tratamiento químico, primero hay que explorar la relación entre los animales y los parásitos. Lo primero que hay que tener en cuenta es que en todas las granjas hay parásitos, por lo que no se puede eludir el hecho de que el ganado se verá afectado por ellos en algún momento. La clave de la gestión de los parásitos es minimizar el impacto en su rebaño reduciendo el número de animales afectados y tratando a los que ya han sido infectados.

El principal atractivo del uso de antiparasitarios químicos es su comodidad. Una vez que sepa qué parásito afecta a su rebaño, vaya al proveedor y compre lo que necesite. Si un veterinario visita su granja, le dirá qué producto necesita y cómo utilizarlo. Sin embargo, la comodidad de utilizar estos productos químicos farmacéuticos ha hecho que muchas explotaciones comerciales a gran escala utilicen productos químicos en lugar de métodos naturales. Este uso generalizado ha hecho que algunas especies de parásitos sean inmunes a los medicamentos de uso común. Algunos antihelmínticos tendrán que eliminarse progresivamente debido al aumento de la resistencia a la medicación. Cuando los parásitos se expulsan por medios químicos, algunos sobreviven. Con su genética más fuerte, los parásitos supervivientes se reproducen, dando a luz una nueva generación de plagas inmunes a los productos químicos que acabaron con el resto de su especie. Los métodos naturales no tienen los mismos efectos secundarios.

Además de desarrollar super parásitos resistentes a los antiparasitarios, las medidas antiparasitarias naturales exigen adaptarse a métodos de cría más respetuosos con el medio ambiente. Como ya no se utilizan antiparasitarios químicos, los animales no podrán sobrevivir en las mismas condiciones que antes. En las granjas inorgánicas, los animales viven unos encima de otros y simplemente se les inyecta todo tipo de medicamentos artificiales para evitar la propagación de enfermedades y parásitos que prosperan en estas condiciones de hacinamiento. Un principio de la gestión natural de los parásitos es proporcionar espacio suficiente y condiciones de vida adecuadas que no sean un caldo de cultivo para los bichos asesinos. Cuando se utilizan pastos y se permite que los animales deambulen en espacios libres, tienen una mejor calidad de vida. Por lo tanto, el control natural de parásitos es mejor para su ganado en función de su comodidad.

Los antiparasitarios pueden afectar negativamente al ecosistema, matando sin querer a criaturas que trabajan en beneficio de su explotación. Los antiparasitarios químicos pueden eliminar los parásitos, pero algunos de los compuestos artificiales se liberan en los excrementos del ganado. Esto penetra en el suelo y mata organismos fundamentales para la biodiversidad y el funcionamiento del medio ambiente. Por ejemplo, los escarabajos peloteros y las lombrices de tierra pueden morir por error a causa de los antiparasitarios, lo que reducirá la calidad del suelo. La consecuencia es que la baja calidad del suelo afectará a los cultivos y a los pastos para el ganado, lo que significa que los animales recibirán piensos de baja calidad. Esto repercute en su desarrollo muscular y en la tasa de natalidad de los animales reproductores. Los ganaderos de Escocia empezaron a tener problemas con los rebaños de ovejas debido al impacto de los antiparasitarios en el suelo. Se les sugirió que redujeran el uso de antiparasitarios o que dejaran de utilizarlos. Algunos ganaderos de la región adoptaron un enfoque más selectivo, tratando únicamente a los animales afectados. Los métodos naturales ofrecen la solución perfecta al problema de la degradación del suelo.

Consideraciones a tener en cuenta antes de optar por la gestión natural de parásitos

La transición de las soluciones antiparasitarias químicas a las naturales puede costar mucho, sobre todo al principio. Cada explotación y cada circunstancia son diferentes y, al igual que la naturaleza se adapta, su enfoque de la lucha antiparasitaria cambiará. Las especies de ganado, su región y los parásitos que más afectan a sus animales influirán en las técnicas que aplique. Lanzarse de cabeza puede ser tentador, sobre todo si le entusiasma explorar este viaje tan gratificante. Sin embargo, por su seguridad y por el bienestar de sus animales, debe ir más despacio y realizar un análisis exhaustivo de su granja. Si tiene en cuenta algunas consideraciones básicas que afectarán a su enfoque de la desparasitación natural, aumentarán sus posibilidades de éxito y evitará fracasos devastadores que pueden costarle una gran parte de su rebaño.

Especies de parásitos

Los parásitos adoptan muchas formas. Por ejemplo, los parásitos pueden vivir en el interior del intestino de un animal, como muchas especies de gusanos, o en la superficie de la piel, como las pulgas y las garrapatas. Cada parte del cuerpo y órgano de su ganado puede verse afectado por especies parasitarias. Por lo tanto, antes de planificar la reducción de parásitos, debe saber a qué especies se enfrenta y a cuáles es especialmente susceptible su ganado. Algunos de los grupos de parásitos comunes a la zona geográfica que debe investigar son los endoparásitos, que viven en el interior del hospedador, los ectoparásitos que viven en su cuerpo, los hemoparásitos que están en la sangre, o incluso los protozoos que son parásitos microscópicos unicelulares.

Especies de ganado

Los tipos de ganado de su explotación determinarán sus opciones para el control de parásitos. Por ejemplo, las ovejas y las vacas no comparten los mismos parásitos, pero las cabras y las ovejas tienen algunos parásitos comunes. Por lo tanto, debe considerar qué animales mantiene y cómo los cría, para evitar la propagación de diferentes especies de parásitos. Por ejemplo, los animales que pastan suelen infectarse con parásitos porque están más expuestos a ellos cuando salen a pastar. Mantener la hierba larga es una forma de reducir las tasas de infección del ganado que pasta. Muchas especies de parásitos sólo existen en los primeros centímetros de hierba. Por lo tanto, si la hierba es larga, el ganado se alimentará principalmente de los niveles superiores, donde hay menos especies parasitarias.

Condiciones ambientales

Las condiciones del hábitat en el que viven sus animales determinarán qué tipos de parásitos se desarrollan. Por ejemplo, tras las inundaciones suele haber un aumento de parásitos. Las zonas cálidas y húmedas tendrán especies particulares de parásitos que difieren de los climas desérticos. Además, las condiciones higiénicas de la granja también influyen en la presencia de parásitos. Por ejemplo, algunas granjas tienen a los pollos en jaulas en batería, por lo que están constantemente rodeados de materia fecal, lo que significa que se contagian fácilmente de parásitos.

Enfermedades

Algunos de sus animales serán más propensos a morir por infecciones parasitarias debido a problemas de salud preexistentes. Una de las formas naturales de combatir los parásitos es la cría selectiva de su ganado. Si una infección parasitaria se propaga por su rebaño, separe los que parezcan menos afectados y críelos. Su genética actuará como primera barrera contra el impacto negativo de los parásitos. Los animales más jóvenes también suelen tener más probabilidades de morir a causa de los parásitos. Por lo tanto, debe tener en cuenta las etapas de la vida de su ganado, los parásitos comunes que les afectan y qué enfermedades dejan a su rebaño inmunodeprimido. Por ejemplo, puede que desee mantener separados del rebaño a los animales que se estén recuperando de ciertas enfermedades para evitar infecciones mientras se encuentran en un estado vulnerable.

Proactividad y comunicación con los profesionales médicos

Es necesario consultar a profesionales médicos para un tratamiento y una erradicación eficaces de los parásitos, ya sean químicos o naturales. Para ser proactivo al contactar con el veterinario, debe conocer los signos reveladores de que tiene un rebaño infectado. Los distintos animales manifiestan la enfermedad de forma diferente cuando les infectan los parásitos. Algunos consejos clave que conviene recordar son comprobar sus niveles de energía, comprobar sus excrementos en busca de huevos y examinar su piel para ver si hay heridas o erupciones que pueden causar las infecciones parasitarias. Si identifica un animal con lombrices u otros parásitos, es probable que haya más animales de su rebaño también afectados. Separar a los animales afectados es una de las primeras medidas que debe tomar antes de llamar al veterinario.

A veces, es casi imposible saber si un animal tiene parásitos. Por ejemplo, el ganado con lombrices intestinales pequeñas y lombrices estomacales marrones no muestra signos de infección hasta que la carga de lombrices es tan alta que provoca una muerte súbita. Cuando se producen muertes misteriosas en su granja y sus animales parecen sanos por lo demás, puede indicar que necesita tomar algunas medidas para el control de parásitos. Llamar al veterinario para que examine al animal y el entorno le ayudará a saber a qué parásito se enfrenta. Las pruebas que realizan los veterinarios son más precisas que sus conjeturas. Aunque opte por no utilizar los fármacos químicos que recomiendan los veterinarios, la información que le den le orientará sobre las medidas naturales que debe tomar. Si comunica abiertamente a su veterinario que utiliza técnicas antiparasitarias naturales, también podrá aconsejarle sobre qué medida natural debe tomar.

Una opinión informada es esencial para tomar decisiones que le beneficien a usted y a sus animales. Establecer una relación con su veterinario le permite acudir a él cuando tenga alguna preocupación, y su proactividad incluye a su veterinario a la hora de asesorarle sobre sus objetivos en materia de salud animal. Vigilar de cerca a sus animales le permite darse cuenta antes de las anomalías para detectar cualquier problema y tener más posibilidades de atajarlo. Además, como más vale prevenir que curar, su veterinario le indicará qué hacer para que su ganado no sea susceptible de contraer enfermedades o parásitos.

Debe programar revisiones periódicas de la salud de su rebaño con su veterinario y no confiar en él sólo en caso de urgencia. Los veterinarios pueden asesorarle sobre las condiciones ambientales de su granja, la nutrición de sus animales y las intervenciones médicas que necesita su rebaño. Los animales de una granja requieren cuidados constantes y, si quiere mantener o aumentar el número de cabezas de su rebaño, es fundamental saber qué ocurre con su salud. Por lo tanto, la proactividad a la hora de ponerse en contacto con su veterinario para realizar revisiones periódicas le beneficiará a largo plazo.

Una relación sólida con su veterinario como miembro del equipo mejora su granja de muchas maneras. Piense en ir al dentista. Si se hace una revisión cada seis meses, podrá tratar los pequeños problemas que surjan por el camino, y el dentista le dirá en qué se está equivocando en el cuidado de sus dientes. Sin embargo, ir al dentista sólo cuando le duelen las muelas le costará mucho más. Del mismo modo, llamar al veterinario de vez en cuando hará que participe en la gestión del desastre en lugar de desempeñar su papel para elevar su granja. Al igual que la limpieza, la alimentación y la rotación de los animales en sus pastos forman parte de su rutina de mantenimiento, las visitas al veterinario deben incluirse en esa lista para crear un entorno de granja de élite que facilite los protocolos antiparasitarios naturales.

Creación de un plan antiparasitario

Tener un calendario planificado, en lugar de dejar la desparasitación para cuando el ganado ya está infectado, forma parte de las mejores prácticas ganaderas. Su plan de desparasitación, especialmente si lo hace de forma natural, tiene por objeto mantener una granja sana y productiva. Por ejemplo, si tiene diversos animales en su granja, puede permitir que sus ovejas y caballos pasten juntos, pero debe evitar que sus ovejas y vacas se mezclen debido a que los parásitos de las vacas tienen efectos mortales en los rebaños de ovejas. De este modo, puede evitar el uso excesivo de productos antiparasitarios, aunque sean vegetales y a base de hierbas.

Objetivos

Sus objetivos en relación con los parásitos deben ser realistas. Por ejemplo, no se pueden erradicar todos los gusanos, garrapatas o moscas. Establezca objetivos mensurables que sean alcanzables y realistas. Realizar comparaciones interanuales le ayudará a elaborar los objetivos que debe alcanzar con su estrategia de desparasitación. Así, si el año anterior perdió una cierta cantidad de ganado a causa de los parásitos, puede fijarse el objetivo de perder menos animales este año. Otros objetivos pueden estar relacionados con la organización de su granja o, si ha estado utilizando métodos químicos de desparasitación, con la transición a opciones naturales.

Necesidades

Cada explotación tiene unas necesidades individuales, dependiendo de dónde esté situada y de la combinación de animales que tenga. Para que un plan sea eficaz, haga una lista de todos los animales que tiene y de los parásitos que afectan a esos animales en su ubicación. A continuación, debe estudiar su terreno para ver cómo puede acomodar mejor a todos sus animales y qué pautas de pastoreo puede utilizar para minimizar el riesgo de que contraigan parásitos. Por último, debe averiguar qué plantas, hierbas y alimentos ayudan a los animales a expulsar los parásitos en las numerosas formas que adoptan. Por último, debe establecer protocolos de emergencia para poner en cuarentena a su ganado cuando sea necesario.

Gestión del tiempo

Su programa diario debe fijarse por horas para que pueda realizar todas las actividades de limpieza, eliminación selectiva, cría, aislamiento y alimentación necesarias para mantener los parásitos al mínimo en su rebaño. Recuerde que siempre debe revisar a sus animales y sus excrementos en busca de signos de parásitos, lo que le quita mucho tiempo al día. Para evitar que se sienta abrumado, lo mejor es que gestione bien su tiempo y programe todas las actividades que debe realizar durante el día, el mes, la semana y la temporada.

Factores medioambientales

Los distintos patrones climáticos y estaciones traen consigo parásitos. Además, el hábitat donde cría a sus animales también tiene un ecosistema en el que los parásitos se cuelan perfectamente en la cadena alimentaria. Hay que tomar medidas para adaptarse a estos factores. Por ejemplo, tras las inundaciones, las moscas de los establos son frecuentes. Por tanto, debe tener un plan de preparación que prevea este aumento tras la temporada de lluvias. Sus animales viven en sintonía con la naturaleza, lo que no siempre significa resultados positivos. En muchos casos, la naturaleza significa sufrimiento para los animales. Por lo tanto, debe comprender el mundo natural que rodea a su granja para responder a él con eficacia y prontitud.

Capítulo 4: Gestión de los pastos para eliminar los parásitos

En la ganadería sostenible, uno de los mayores retos es hacer frente a los parásitos que acechan en los pastos. Para hacer frente a este problema, necesita un sistema de rotación de pastos bien pensado, independientemente de si cría un solo tipo de animal, una mezcla de especies o utiliza un método de pastoreo específico. Este sistema consiste en controlar el tiempo que los animales pastan en una zona determinada y gestionar sus hábitos de pastoreo.

Una vez que los huevos del parásito son expulsados del huésped y depositados en las heces, comienza una cuenta atrás extraordinaria e intrincada. Los huevos eclosionan en un plazo de uno a catorce días, normalmente en torno a los cinco días. Tras la eclosión, algunas larvas del parásito pueden permanecer hasta 40 días si se dan las condiciones adecuadas: suelo húmedo y cálido. Pero al cabo de unos 55 días, la mayoría de estas larvas habrán desaparecido, a menos que encuentren antes un nuevo huésped.

Saber cómo actúan los parásitos puede ayudarle a planificar su estrategia de pastoreo para evitar que sus animales vuelvan a infectarse. Por ejemplo, en sólo cuatro días, el famoso gusano barrenador, que puede dañar a cabras y ovejas, puede eclosionar y suponer una amenaza. Dado que estas larvas sólo sobreviven en el suelo durante unas cuatro semanas, es inteligente trasladar a sus cabras u ovejas a zonas de pastoreo frescas cada cuatro días, o incluso más a menudo cuando los niveles de parásitos son altos. Después de este intenso periodo de pastoreo, deje que esas secciones de pasto descansen del pastoreo de cabras u ovejas durante al menos 60 días para asegurarse de que todas las larvas de parásitos han desaparecido. Para ello, divida los pastos con vallas temporales o eléctricas.

La gestión de los pastos es una buena forma de hacer frente a los parásitos. A medida que aprenda más sobre la gestión de pastos, descubrirá diferentes estrategias y técnicas que protegen a sus animales de los parásitos y le ayudan a crear una rutina de pastoreo sostenible y saludable.

El pastoreo como método natural de gestión de parásitos

El pastoreo en el control de parásitos es un enfoque natural para gestionar y minimizar las infecciones parasitarias en el ganado. Consiste en controlar estratégicamente el movimiento y los patrones de pastoreo de los animales en los pastizales para interrumpir los ciclos vitales de los parásitos comunes del ganado, incluidos los nematodos (gusanos), los coccidios y otros microorganismos nocivos. Aquí se exponen algunos de los distintos enfoques que se pueden adoptar:

1. Pastoreo estratégico

El pastoreo en la lucha antiparasitaria abarca una rotación y una distribución de los pastos cuidadosamente planificadas. La idea clave es evitar el pastoreo excesivo en una zona y dar a los pastos periodos de descanso adecuados, lo que es esencial para romper el ciclo de vida de los parásitos.

La idea clave es evitar el pastoreo excesivo en una zona y dar a los pastos periodos de descanso adecuados, lo que es esencial para romper el ciclo de vida de los parásitos

https://pixabay.com/photos/cow-grassland-grazing-nomad-7200409/

2. Rotación y descanso

Este planteamiento consiste en rotar a los animales por diferentes pastos y dejar descansar las zonas previamente pastoreadas. Durante el periodo de descanso, la ausencia de animales hospedadores interrumpe la finalización de los ciclos vitales de los parásitos, lo que se traduce en una disminución de la carga parasitaria global.

3. Intensidad de pastoreo controlada

La intensidad y la duración del pastoreo se controlan para garantizar que los animales no estén expuestos durante mucho tiempo a pastos infestados de parásitos. Al reducir el tiempo que los animales pasan en una zona determinada y trasladarlos después a pastos frescos, disminuye significativamente el riesgo de reinfección por parásitos.

Comprender el ciclo de vida de los parásitos

Para gestionar y controlar eficazmente los parásitos del ganado, es esencial comprender los entresijos de sus ciclos vitales. Los distintos parásitos, como los nematodos y los coccidios, tienen fases vitales específicas y dependen de las condiciones ambientales. Comprender estos ciclos vitales es clave para desarrollar estrategias de control de parásitos eficaces. Por ejemplo, el gusano barrenador (haemonchus contortus) afecta a pequeños rumiantes como cabras y ovejas. Su ciclo vital implica la eliminación de huevos en el hospedador, la eclosión en larvas que se desarrollan en los pastos y la reinfección del hospedador por ingestión de larvas infectantes. Reconocer este ciclo es vital para hacer frente a las infestaciones por el gusano barrenador.

La gestión del pastoreo es una herramienta eficaz para interrumpir los ciclos de vida de los parásitos comunes del ganado. Si se planifica bien la rotación del pastoreo y los periodos de descanso en los pastos, se puede romper la cadena de infección. Mediante la rotación, se traslada el ganado a pastos diferentes. Durante la fase de descanso, la ausencia de animales hospedadores impide que se completen los ciclos vitales de los parásitos. Por ejemplo, las larvas excretadas en las heces necesitan el contacto con el hospedador para convertirse en gusanos adultos. Considérese un ciclo de rotación que traslade a las cabras a un nuevo pasto cada 35 días. Esto permite que los pastos previamente pastados descansen durante al menos 60 días. Durante este periodo, la mayoría de las larvas de parásitos perecerán.

Es esencial controlar la intensidad y la duración del pastoreo. Limitar el tiempo de permanencia de los animales en un pasto concreto y trasladarlos después a otros nuevos reduce el riesgo de reinfección. El desplazamiento rápido a nuevos pastos impide que los animales consuman larvas infecciosas que permanecen en sus anteriores zonas de pastoreo. Si se tiene un parásito de alto riesgo, como el gusano barrenador, puede ser necesario trasladar a las cabras cada cuatro días durante los periodos de mayor infestación, para evitar que las larvas se vuelvan infectivas.

Estrategias de pastoreo

1. Hábitos de pastoreo personalizados

Al diseñar un sistema de rotación, preste atención a los hábitos y necesidades específicos de su ganado. Las diferentes especies tienen preferencias únicas, y adaptar sus prácticas de pastoreo a su comportamiento puede ser muy eficaz. Por ejemplo, si consideramos las cabras y el ganado vacuno, las cabras son rumiantes y prefieren varios tipos de forraje, mientras que el ganado vacuno es principalmente herbívoro y se centra en la hierba. Tenga esto en cuenta a la hora de planificar qué pastos asignar a cada especie para maximizar su ingesta nutricional y minimizar la exposición a los parásitos.

2. Orientación de los pastos

La orientación de los pastos también desempeña un papel en el control de los parásitos. Notará que las larvas se secan más rápido en las laderas orientadas al sur que en otros pastos, sobre todo durante la primavera. La combinación de sol y pendiente reduce la humedad y la supervivencia de las larvas. Si dispone de un pasto orientado al sur, resérvelo para utilizarlo en primavera, cuando los niveles de humedad del suelo y de la hierba son más elevados. Esta combinación favorece la rápida desecación de las larvas, disminuyendo el riesgo de que el ganado ingiera larvas infecciosas.

3. Entender el movimiento de las larvas

Reconocer cómo se comportan las larvas en distintas condiciones es crucial. La hierba húmeda anima a las larvas a alejarse de los excrementos, mientras que las condiciones secas las mantienen más cerca del suelo. Comprender estos patrones le ayuda a determinar sus estrategias de pastoreo. Por ejemplo, en condiciones húmedas, las larvas pueden encontrarse hasta a 30 cm de las heces, por lo que es importante mover al ganado con frecuencia para evitar su ingestión. En condiciones secas, las larvas permanecen más cerca del suelo, lo que reduce el riesgo de consumo.

4. Impacto del clima

Las condiciones meteorológicas pueden influir en el comportamiento de las larvas del parásito. Las larvas tienden a trepar más alto en las plantas durante los periodos nublados, como los días lluviosos o las primeras horas de la mañana y las últimas de la tarde, para evitar la luz brillante. Conocer estas condiciones ayuda a gestionar los horarios de pastoreo. Evite el pastoreo del ganado a primera hora de la mañana o a última hora de la tarde en días nublados o justo después de la lluvia, ya que es cuando las larvas tienen más probabilidades de estar más altas en las plantas. En su lugar, planifique las sesiones de pastoreo para periodos más secos y luminosos.

5. Cercado eléctrico

Instalar uno o dos hilos de cercado eléctrico es una forma práctica de dividir los pastos en secciones. Este enfoque le permite mover el ganado con frecuencia, controlar su acceso y evitar el sobrepastoreo. Cree secciones temporales dentro de su pasto utilizando cercado eléctrico. Al cabo de cierto tiempo, traslade el ganado a la siguiente sección, dejando descansar a la anterior. Esto no sólo controla la infección por parásitos, sino que también optimiza el aprovechamiento del forraje.

Gestión estacional de los pastos

La gestión estacional de los pastos consiste en adaptar sus prácticas de pastoreo para aprovechar las condiciones cambiantes y los requisitos particulares de cada estación con el fin de maximizar la nutrición del ganado e interrumpir eficazmente los ciclos de vida de los parásitos. En este enfoque, la rotación estacional del ganado se guía por las condiciones de la época del año. Tanto si aprovecha el cálido sol primaveral para desecar las larvas de parásitos como si utiliza los frondosos pastos de verano para limitar la exposición a los parásitos, estas estrategias pretenden promover tanto el bienestar de su ganado como el control de la carga parasitaria.

1. Pastos de primavera

Durante la primavera, hay que centrarse en los pastos orientados al sur y con un terreno inclinado. Estas características maximizan la exposición al sol y el secado eficaz del pasto. Como resultado, se reducen los niveles de humedad, lo que es crítico para la supervivencia de las larvas de parásitos. Por ejemplo, un pasto orientado al sur con buena exposición al sol ayuda a secar las heces y el suelo circundante, disminuyendo la probabilidad de supervivencia de las larvas. El pastoreo en este tipo de pastos durante esta estación puede ayudar a controlar la infestación parasitaria.

2. Pastos de verano

En los calurosos meses de verano, las zonas de pastoreo de tierras bajas con vegetación exuberante son ventajosas. El calor obliga a las larvas del parásito a permanecer más cerca del suelo y del estiércol húmedo, por lo que es menos probable que sean consumidas por los animales de pastoreo. Los pastos de verano en zonas bajas con abundante crecimiento de hierba son ideales. Al intensificarse el sol, las larvas permanecen cerca del suelo, lo que reduce el riesgo de que el ganado las ingiera.

3. Pastos de otoño

En otoño, diversifique la dieta de su ganado ofreciéndole frutos secos, frutas y hojas. Sin embargo, vigile los niveles de humedad y las temperaturas, ya que algunos parásitos pueden sobrevivir bajo la cubierta de hojas. Las cabras, ovejas y otras especies de ganado pueden beneficiarse de la variedad nutricional que aportan estas adiciones a su dieta. Sea prudente y vigile las condiciones meteorológicas para garantizar que la supervivencia de los parásitos sea mínima.

4. Pastos de invierno

Los pastos de invierno en regiones con zonas de rusticidad USDA 6 o superiores pueden incluir forraje más alto y "almacenado". Las condiciones frías del invierno reducen naturalmente las poblaciones de parásitos. Utilice pastos de invierno con forraje de crecimiento más alto. La combinación de temperaturas frías en la Zona 6 o superior y la ausencia de hospederos en los pastos ayuda a disminuir la carga de parásitos durante los meses de invierno.

Otros métodos de pastoreo

1. Pastoreo multiespecífico

El pastoreo multiespecífico, especialmente durante los periodos de mayor crecimiento, puede ser una poderosa herramienta para prevenir el sobrepastoreo y la reinfección. Cuando diferentes especies de ganado pastan juntas, tienen diferentes preferencias por los tipos de forraje y diferentes hábitos de pastoreo, lo que reduce la presión sobre plantas específicas y mitiga el riesgo de transmisión de parásitos. Por ejemplo, la combinación de ganado vacuno y caprino en un sistema de pastoreo multiespecífico puede resultar muy eficaz. El ganado vacuno pasta principalmente hierbas, mientras que las cabras son ramoneadoras y prefieren arbustos y hierbas. Esta diversidad en el comportamiento de pastoreo puede ayudar a minimizar el impacto sobre cualquier tipo de forraje.

2. Pastoreo mixto

El pastoreo mixto consiste en combinar diferentes especies en el mismo pasto, como vacas y cabras o caballos y ovejas. Sin embargo, es fundamental evitar el pastoreo sucesivo de ovejas y cabras, ya que comparten muchas especies de parásitos y el pastoreo consecutivo puede aumentar la carga parasitaria. El pastoreo conjunto de vacas y caballos es una opción, ya que sus preferencias alimentarias y sistemas digestivos se complementan. El ganado vacuno se alimenta principalmente de hierbas, mientras que los caballos son más selectivos y suelen evitar determinadas especies. Esta combinación puede conducir a una utilización más eficaz del forraje.

3. El momento oportuno es crucial

El momento oportuno es esencial a la hora de reintroducir el ganado en los pastos, sobre todo en condiciones húmedas. Apurar la vuelta del ganado antes de que hayan pasado 60 días puede aumentar los niveles de parásitos. En su lugar, programe el pastoreo durante las horas secas y luminosas del día para minimizar la exposición a las larvas infecciosas. Durante las estaciones húmedas o en zonas lluviosas, asegúrese de que los pastos tienen tiempo suficiente para descansar entre las sesiones de pastoreo. Es prudente pastorear durante las horas secas y soleadas, cuando es menos probable que la hierba y el suelo alberguen larvas infecciosas.

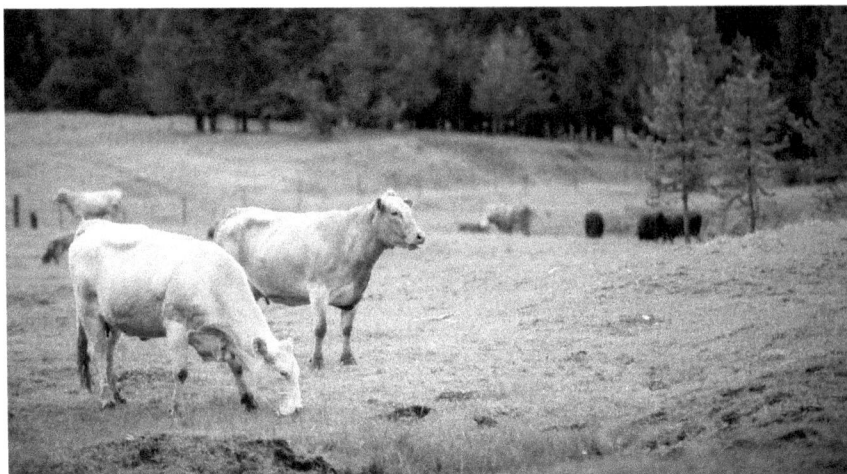

Es prudente pastorear durante las horas secas y soleadas, cuando es menos probable que la hierba y el suelo alberguen larvas infecciosas

4. Altura del pasto

Mantener la altura ideal de la hierba es crucial tanto para una calidad óptima del forraje como para un control eficaz de los parásitos. Procure mantener la hierba entre 15 y 20 cm de altura. La hierba demasiado corta facilita que el ganado ingiera larvas infecciosas, mientras que la hierba excesivamente alta impide que los huevos y las larvas se sequen con la luz solar. Mida regularmente la altura de la hierba en sus pastos para asegurarse de que se encuentra dentro del intervalo de 15 a 20 cm. Esto favorece un mejor aprovechamiento del forraje y limita la exposición a los parásitos al mantener la hierba a una altura ideal.

Organismos beneficiosos para el suelo

1. Nematodos depredadores

Los nematodos depredadores son gusanos microscópicos que desempeñan un papel crucial en la reducción de las poblaciones de parásitos. Estos nematodos son depredadores naturales de huevos y larvas de parásitos, controlando eficazmente su número. Por ejemplo, piense en Steinernema carpocapsae, una especie de nematodo depredador muy eficaz contra diversas larvas de parásitos, como moscas domésticas, moscas de los establos y larvas de pulgas. Puede reducir significativamente los niveles de parásitos liberando estos nematodos en sus pastos.

2. Escarabajos beneficiosos

Los escarabajos beneficiosos, incluidos los de tierra, los de los roedores y los estercoleros, son componentes esenciales de un ecosistema de pastos sano. Ayudan a controlar las larvas de parásitos y contribuyen a mejorar la salud del suelo y de las plantas. Los escarabajos peloteros son especialmente valiosos para el control de parásitos. Existen tres tipos de escarabajos estercoleros: los rodillos, los tuneladores y los moradores. Los rodillos y los tuneladores entierran el estiércol bajo el suelo, atrapando eficazmente los huevos y larvas de los parásitos. Esto no sólo impide la eclosión, sino que también mejora la salud del suelo y de las plantas.

Los escarabajos estercoleros, especialmente los volteadores y los tuneladores, tienen un impacto significativo en el control de parásitos. Trabajan con diligencia para enterrar el estiércol del ganado, asegurándose de que los huevos y las larvas de los parásitos estén demasiado profundos en el suelo para llegar a la superficie. Cuando los escarabajos estercoleros entierran el estiércol, también entierran los huevos y larvas de parásitos presentes en las heces. Esto altera el ciclo vital de los parásitos y favorece la desecación y desactivación de huevos y larvas, reduciendo su infectividad.

3. Estiércol disperso

Debido a la actividad de los escarabajos peloteros o a otros factores, el estiércol disperso se seca más rápidamente que el estiércol agrupado o concentrado. El proceso de secado más rápido reduce las posibilidades de que las larvas de parásitos permanezcan húmedas y sean infecciosas. En pastos con poblaciones activas de escarabajos peloteros o con una dispersión eficaz del estiércol, observará que el estiércol se dispersa por el pasto. Este estiércol disperso se seca rápidamente, convirtiéndolo en un entorno inhóspito para las larvas de parásitos.

Control medioambiental

Puede aplicar medidas para controlar el acceso de los ciervos a los pastos, especialmente a los designados como perjudiciales para cabras, ovejas, llamas, alpacas y terneros. Los ciervos pueden ser huéspedes de ciertos parásitos y contribuir a la contaminación de los pastos. Utilice vallas eléctricas o perros guardianes para disuadir a los ciervos de pastar en los prados. Limitar el acceso de los ciervos reduce el riesgo de transmisión de parásitos a sus animales.

También puede utilizar aves, como patos, pollos y otras aves de corral, para controlar los gasterópodos, que son huéspedes intermediarios de diversos parásitos. Las aves pueden ayudar a controlar las poblaciones de caracoles y babosas, reduciendo el riesgo de que el ganado ingiera estos parásitos. Puede permitir que los patos y las gallinas se alimenten en los pastos propensos a infestaciones de gasterópodos. Su comportamiento natural de picotear caracoles y babosas limita el número de estos huéspedes intermediarios, lo que contribuye a reducir la carga parasitaria del ganado.

Mantenimiento medioambiental

El mantenimiento eficaz del entorno es clave para controlar las infecciones parasitarias en el ganado y promover la salud general de la granja. Tenga en cuenta los siguientes pasos para crear un entorno propicio que disuada a los parásitos y favorezca a los organismos beneficiosos:

1. Reduzca la siega corta y la exposición excesiva al sol

Los organismos que dependen de la humedad, como los nematodos depredadores y los escarabajos peloteros, necesitan algo de sombra para desarrollarse. Evite la siega corta y la exposición prolongada a la luz solar constante, que crea las condiciones ideales para estos organismos beneficiosos. Un equilibrio entre sol y sombra permite la coexistencia de estos organismos y reduce el potencial de contaminación parasitaria. Así pues, mantenga una mezcla de zonas sombreadas y soleadas en sus pastos para favorecer la actividad de los organismos dependientes de la humedad.

2. Evite el uso de productos químicos

Abténgase de utilizar desparasitantes químicos, herbicidas, pesticidas y otros compuestos químicos en sus pastos. Las sustancias químicas pueden alterar los ciclos vitales de los organismos beneficiosos, reduciendo su eficacia en el control de parásitos. Elija alternativas naturales y ecológicas para minimizar el daño a estas criaturas beneficiosas. Esta práctica ayuda a preservar las poblaciones de nematodos depredadores, escarabajos peloteros y otros organismos beneficiosos del suelo.

3. Promueva sistemas de agua limpia

Mantenga el control de unos sistemas de agua limpios y eficientes para su ganado eliminando los charcos de agua estancada. El agua estancada es un caldo de cultivo para parásitos y protozoos, lo que aumenta el riesgo de infección. Anime al ganado a beber de depósitos de agua limpios y mantenidos con regularidad. Al aplicar el pastoreo rotativo, utilice tanques móviles con flotadores que puedan trasladarse fácilmente de una sección a otra. La limpieza y el llenado regulares de estos tanques garantizan que el ganado tenga acceso a agua limpia, reduciendo el riesgo de infecciones parasitarias transmitidas por el agua.

4. Mantenga limpias las zonas de tráfico intenso

Limpie y mantenga regularmente los prados, establos, comederos y otras zonas de mucho tránsito. Los residuos húmedos, como el heno y las hojas sueltas, pueden proteger a los parásitos y aumentar la probabilidad de que el ganado los ingiera. Mantener estas zonas limpias y secas minimiza el riesgo de contaminación parasitaria. Tras la limpieza, aplique a las superficies agentes secantes como cal de establo, azufre en polvo, ceniza de madera o tierra de diatomeas. Estos agentes ayudan a secar cualquier resto de huevos y larvas de parásitos, reduciendo aún más el riesgo de infección.

La inclusión de estas prácticas de gestión de los pastos y de control medioambiental ayudará a reducir el riesgo de infección parasitaria y garantizará un rebaño más sano y productivo.

Limitaciones de la lucha antiparasitaria basada en el pastoreo

1. Variabilidad climática

La variabilidad climática puede influir significativamente en la eficacia de la lucha antiparasitaria basada en el pastoreo. Las diferentes condiciones meteorológicas, como los periodos prolongados de lluvia o sequía, pueden afectar a la supervivencia y transmisión de los parásitos. Es esencial tener en cuenta estos retos y adaptar sus estrategias de pastoreo en consecuencia.

• Lluvia y humedad

Un exceso de lluvias y una humedad elevada pueden crear las condiciones ideales para la supervivencia de los parásitos, dificultando el control de sus poblaciones. En tales casos, puede ser necesario ajustar las rotaciones de pastoreo, reducir la carga ganadera o aplicar otras técnicas de control de parásitos.

- **Sequía y forraje limitado**

Por el contrario, las condiciones de sequía pueden limitar la disponibilidad de forraje, lo que puede conducir a un pastoreo excesivo y a una mayor exposición a los parásitos. Durante las sequías, es posible que necesite proporcionar alimento y agua suplementarios para mantener a su ganado sano y reducir el riesgo de infección parasitaria.

2. Consideraciones para especies ganaderas específicas

Las diferentes especies de ganado tienen una susceptibilidad variable a los parásitos. Comprender las necesidades y vulnerabilidades específicas de su ganado es crucial para un control eficaz de los parásitos. Por ejemplo, las cabras y las ovejas son más susceptibles a los gusanos barberos, mientras que el ganado vacuno se enfrenta a retos diferentes.

- **Gestión específica para cada especie**

Adapte la gestión del pastoreo a las necesidades de su ganado. Tenga en cuenta su comportamiento natural, sus preferencias alimentarias y su susceptibilidad a los parásitos. Implemente un pastoreo rotativo que se ajuste a los requisitos específicos de cada especie.

- **Pastoreo selectivo**

Algunos animales, como las cabras, son conocidos por sus hábitos de pastoreo selectivo. Utilice este comportamiento en su beneficio plantando plantas repelentes de parásitos en sus pastos, animándolos a automedicarse.

Consejos adicionales para una buena gestión de los pastos

1. Salud y fertilidad del suelo

La salud del suelo es fundamental para la gestión de los pastos, ya que influye directamente en la calidad del forraje, la nutrición del ganado y la productividad general de la explotación. Aplique prácticas para mejorar y mantener la fertilidad del suelo.

- **Análisis del suelo:** Realice análisis periódicos del suelo para evaluar los niveles de nutrientes, el pH y otros factores. Los análisis del suelo proporcionan datos esenciales para orientar sus estrategias de fertilización y encalado.
- **Fertilización:** En función de los resultados de los análisis del suelo, aplique fertilizantes orgánicos o minerales adecuados para

corregir los desequilibrios de nutrientes y mejorar la fertilidad del suelo. Los pastos bien fertilizados proporcionan un forraje exuberante y nutritivo.

- **Encalado:** Ajuste el pH del suelo utilizando cal agrícola para crear un entorno más favorable para la absorción de nutrientes por parte de las plantas forrajeras.

- **Materia orgánica:** Aumentar la materia orgánica del suelo mediante el compostaje, los cultivos de cobertura y las prácticas de pastoreo rotativo. Un mayor contenido de materia orgánica mejora la retención de agua, la aireación y el ciclo de los nutrientes.

2. Supervisión y mantenimiento de registros

La gestión eficaz de los pastos requiere una supervisión periódica y un registro diligente para tomar decisiones con conocimiento de causa y hacer un seguimiento de los cambios.

- **Paseos por los pastos:** Programe paseos frecuentes por los pastos para evaluar el crecimiento del forraje, la salud de las plantas y cualquier signo de sobrepastoreo o problemas de parásitos.

- **Registre los movimientos del ganado:** Mantenga registros de las rotaciones del ganado, incluyendo las fechas y los pastos utilizados. Esta información ayuda a prevenir el sobrepastoreo y a optimizar el control de parásitos.

- **Observaciones meteorológicas:** Lleve un diario meteorológico para registrar condiciones como las precipitaciones, la temperatura y la humedad. Estos factores influyen en las estrategias de pastoreo y en la actividad parasitaria.

- **Datos de crecimiento:** Mida y registre la altura y densidad del forraje para determinar cuándo rotar el ganado y evitar el sobrepastoreo.

3. Selección del forraje y renovación de los pastos

La selección de las especies forrajeras adecuadas y la renovación periódica de los pastos son elementos clave para mantener unos pastos productivos y sanos.

- **Diversidad forrajera:** Diversifique sus pastos con una mezcla de especies forrajeras que se adapten a su región y a su ganado. Elija variedades que proporcionen un equilibrio entre nutrición y palatabilidad.

- **Prácticas de renovación:** Realice la resiembra y la resiembra como parte de la renovación de los pastos. Estas prácticas ayudan a introducir nuevas variedades forrajeras productivas y a mejorar la calidad general de los pastos.

- **Alturas de pastoreo:** Establezca alturas de pastoreo para mantener plantas de pasto sanas. Evite el pastoreo excesivo, que debilita las plantas, y el pastoreo insuficiente, que permite la proliferación de malas hierbas.

- **Pastoreo rotativo:** Rote continuamente el ganado por los pastos para evitar el sobrepastoreo y permitir que el forraje se recupere.

La gestión de los pastos es la piedra angular de la producción ganadera sostenible y ofrece numerosas ventajas. Mejora la salud y el rendimiento de los animales gracias a una nutrición equilibrada y a la reducción de la carga parasitaria. Minimiza el impacto ambiental, incluida la erosión del suelo y la escorrentía de nutrientes, al tiempo que mejora la producción de forraje y la salud del suelo. La gestión de los pastos permite reducir la dependencia de los antiparasitarios químicos y otras intervenciones sintéticas, contribuyendo a un ecosistema equilibrado que favorece la biodiversidad y los organismos beneficiosos.

Capítulo 5: Nutrición e inmunidad

La nutrición y la inmunidad del ganado están estrechamente relacionadas. La calidad y el equilibrio de la dieta de los animales son fundamentales para reforzar su sistema inmunitario. Los nutrientes esenciales, como proteínas, vitaminas y minerales, son necesarios para una función inmunitaria sana. Un ganado bien alimentado está mejor preparado para resistir las infecciones, recuperarse de las enfermedades y mantener la salud en general que los animales con carencias nutricionales.

Una nutrición inadecuada debilita la respuesta inmunitaria, lo que hace a los animales más vulnerables a las enfermedades. Por lo tanto, es necesario garantizar una dieta adecuada y equilibrada para optimizar los sistemas de defensa inmunitaria del ganado. Alimentar a los animales con los nutrientes adecuados a través de una dieta bien equilibrada previene enfermedades, les permite protegerse de las infecciones y seguir siendo resistentes a diversos problemas de salud.

La nutrición, el sistema inmunitario y el control de parásitos se influyen mutuamente. He aquí el vínculo fundamental entre estos tres factores para tener una perspectiva clara.

La nutrición y el sistema inmunitario

Una nutrición adecuada favorece la funcionalidad del sistema inmunitario. Un animal bien alimentado está mejor equipado para tener una respuesta inmunitaria adecuada cuando se expone a patógenos, incluidos los parásitos. Por ejemplo, las proteínas son esenciales para producir anticuerpos y células inmunitarias, mientras que las vitaminas y los minerales desempeñan papeles fundamentales en diversas funciones inmunitarias.

Una nutrición adecuada favorece la funcionalidad del sistema inmunitario
https://pixabay.com/photos/goats-lambs-animal-goats-lambs-5110369/

Nutrición y control de parásitos

Aunque todos los nutrientes desempeñan un papel en el fortalecimiento del sistema inmunitario y la protección del ganado frente a las enfermedades, ciertos nutrientes como el zinc y el selenio mejoran directamente la resistencia del animal frente a los parásitos. El mecanismo de defensa natural de los animales se debilita cuando algunos nutrientes no se incluyen en una dieta equilibrada, lo que aumenta las posibilidades de desarrollar infecciones parasitarias.

Sistema inmunitario y control de parásitos

Como ya sabe, el sistema inmunitario es la primera línea de defensa contra los parásitos u otras enfermedades infecciosas. Cuando un animal está expuesto a parásitos, un sistema inmunitario que funcione correctamente puede identificar, atacar y controlar las poblaciones de parásitos dentro del organismo del huésped. Esto es especialmente necesario para evitar que las infecciones parasitarias se agraven o causen problemas de salud a largo plazo.

Lograr un equilibrio entre una nutrición adecuada, el cuidado del sistema inmunitario y el control de los parásitos es imprescindible para mantener la salud y la productividad del ganado. Una nutrición adecuada favorece una respuesta inmunitaria robusta que, a su vez, ayuda a prevenir y controlar las infecciones parasitarias. Los agricultores y ganaderos deben alimentar a sus animales con dietas equilibradas, gestionar la rotación de los pastos y utilizar tratamientos veterinarios adecuados para garantizar su salud y bienestar, minimizando al mismo tiempo el riesgo de infecciones parasitarias.

Por qué alimentar con una dieta equilibrada

Proporcionar una dieta equilibrada al ganado es necesario por varias razones que mencionamos:

Apoyo nutricional

Una dieta equilibrada incluye nutrientes esenciales como proteínas, hidratos de carbono, grasas, vitaminas y minerales en proporciones adecuadas. Además de mantener el funcionamiento del sistema inmunitario y desarrollar respuestas inmunitarias adecuadas, los nutrientes son necesarios en miles de otros procesos metabólicos. Una nutrición inadecuada o desequilibrada no hace sino debilitar el sistema inmunitario y puede desencadenar ciertas afecciones médicas, haciendo en última instancia que los animales sean más susceptibles a las infecciones.

Energía y mantenimiento

El ganado necesita un aporte energético suficiente para mantener sanas sus funciones corporales básicas y favorecer el crecimiento, la reproducción y la producción de leche. Una dieta equilibrada garantiza que los animales dispongan de la energía necesaria para llevar a cabo estas funciones con eficacia. Cuando los animales están desnutridos, sus niveles de energía disminuyen, haciéndolos más vulnerables a las enfermedades y menos capaces de mantener su salud general.

Resistencia a las enfermedades

El sistema inmunitario depende de nutrientes como vitaminas (por ejemplo, vitamina C, vitamina D), minerales (por ejemplo, zinc, selenio) y proteínas para funcionar eficazmente. Estos nutrientes intervienen en la producción de anticuerpos, la actividad de los glóbulos blancos y otras respuestas inmunitarias. Una dieta equilibrada garantiza que el ganado reciba los componentes básicos necesarios para montar una defensa sólida contra los patógenos. Por el contrario, una nutrición deficiente conduce a la inmunosupresión, reduciendo la capacidad del animal para resistir a las enfermedades.

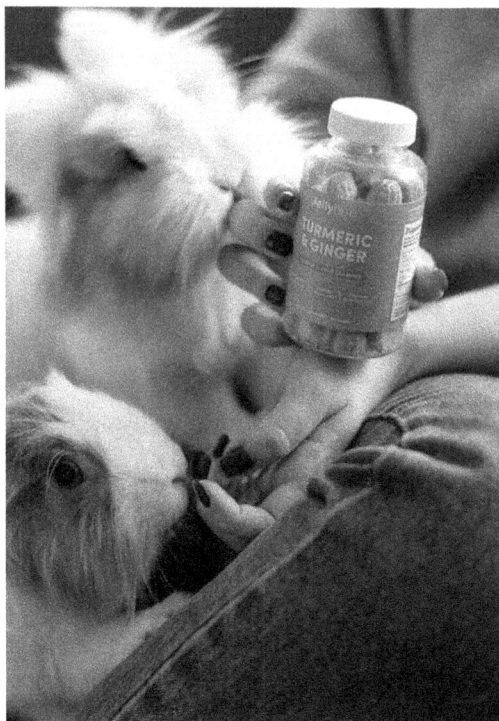

El sistema inmunitario depende de nutrientes como vitaminas (por ejemplo, vitamina C, vitamina D), minerales (por ejemplo, zinc, selenio) y proteínas para funcionar eficazmente

https://unsplash.com/photos/person-holding-orange-plastic-bottle-eUGppEZgkAM

Crecimiento y reproducción

Los animales sanos tienen más probabilidades de alcanzar su potencial de crecimiento y producir descendencia con éxito. Los animales desnutridos pueden sufrir retrasos en el crecimiento y problemas reproductivos, lo que les hace más susceptibles a las enfermedades debido a su debilitado estado fisiológico.

Mantenimiento de la condición corporal

Una masa muscular adecuada es esencial para la locomoción y la capacidad de escapar de insectos de enfermedades y depredadores. Además, el mantenimiento de una condición corporal adecuada garantiza que los animales dispongan de reservas adecuadas de grasa, que pueden ser cruciales en situaciones de estrés, como el frío o los brotes de enfermedades. La calidad de la carne también mejora cuando el animal recibe los nutrientes adecuados.

Prevención de los trastornos metabólicos

Ciertas enfermedades y afecciones del ganado están asociadas a desequilibrios en la dieta. Por ejemplo, la sobrealimentación del ganado con cereales puede provocar trastornos como la acidosis, mientras que unos niveles inadecuados de calcio y fósforo pueden dar lugar a trastornos como la fiebre puerperal en las vacas lecheras. Una dieta equilibrada previene trastornos metabólicos como éstos, que pueden perjudicar la salud de los animales.

Resistencia al estrés

Una nutrición adecuada mejora la capacidad del animal para hacer frente a diversas formas de malestar, como el estrés y la agitación, que se manifiestan durante el transporte, los cambios en las condiciones ambientales y la introducción de nuevos animales en el rebaño. Cuando el ganado está bien alimentado, es más resistente a los factores de estrés, que pueden suprimir el sistema inmunitario y hacerlo más susceptible a las enfermedades.

Reducir el riesgo de enfermedades zoonóticas

Una nutrición equilibrada también puede afectar a la seguridad alimentaria y a la salud humana. Algunas enfermedades del ganado son zoonóticas, lo que significa que pueden transmitirse a los seres humanos. Mantener la resistencia a las enfermedades en el ganado mediante una nutrición adecuada reduce el riesgo de enfermedades zoonóticas, beneficiando a las poblaciones animales y humanas cercanas.

Componentes dietéticos para un sistema inmunitario robusto

La cantidad y el tipo de alimento varían según el tipo de ganado. El ganado vacuno requiere una mezcla de heno, hierba, cereales, ensilado y leguminosas, mientras que las cabras se alimentan principalmente de forraje seco o verde con concentrados de proteínas y minerales añadidos. He aquí los componentes esenciales que debe incluir la dieta para una salud y un bienestar adecuados.

- **Proteínas:** Es esencial para producir anticuerpos, enzimas y células inmunitarias fundamentales para la respuesta inmunitaria. Los aminoácidos, componentes básicos de las proteínas, son necesarios para una función inmunitaria adecuada.

- **Vitaminas:** Algunas vitaminas son esenciales para la función inmunitaria, como la vitamina A (para mantener las barreras epiteliales), la vitamina D (para regular la respuesta inmunitaria) y la vitamina E (un antioxidante que favorece la salud inmunitaria). La vitamina C también es esencial en algunas especies ganaderas.

- **Minerales:** Como ya se ha mencionado, el zinc, el selenio y el cobre son necesarios para diversas funciones inmunitarias, como la producción y el funcionamiento adecuado de los glóbulos blancos, la actuación como antioxidantes y el apoyo a la actividad de las células inmunitarias. Cada mineral tiene un efecto particular sobre el metabolismo y la actividad inmunitaria.

- **Probióticos:** Las bacterias beneficiosas del tracto digestivo, conocidas como probióticos, pueden ayudar a mejorar la salud intestinal y reforzar indirectamente la función inmunitaria manteniendo un microbioma intestinal equilibrado. Un intestino sano es esencial para la absorción de nutrientes y el bienestar general.

- **Prebióticos:** Son componentes de la dieta que favorecen el crecimiento de bacterias intestinales beneficiosas. Los prebióticos, como ciertos tipos de fibra, pueden potenciar la eficacia de los probióticos y promover un entorno intestinal saludable. Los probióticos y los prebióticos se combinan para formar los simbióticos. Se trata de combinaciones de probióticos y prebióticos. Los simbióticos pueden proporcionar un doble beneficio al introducir bacterias beneficiosas con el alimento que necesitan para prosperar.

Ácidos grasos omega-3: Estas grasas saludables tienen propiedades antiinflamatorias y pueden ayudar al sistema inmunitario reduciendo la inflamación.

- **Antioxidantes:** Varios antioxidantes, como la vitamina E y otros, ayudan a proteger las células inmunitarias del daño oxidativo y favorecen su correcto funcionamiento.

- **Agua:** Una hidratación adecuada es esencial para todos los procesos fisiológicos, incluida la respuesta inmunitaria. El agua ayuda a transportar los nutrientes y a eliminar los productos de desecho, favoreciendo la salud general y la inmunidad.

- **Hidratos de carbono y energía:** El ganado necesita energía procedente de los carbohidratos para alimentar la respuesta inmunitaria y mantener su salud. Un aporte energético adecuado es esencial para la función inmunitaria.

- **Hierbas y productos botánicos:** Algunas plantas, hierbas y productos botánicos se han utilizado en las dietas del ganado por sus posibles efectos inmunomoduladores. Se trata de sustancias como la equinácea, el ajo y el orégano. Estas hierbas deben administrarse siempre en cantidades mínimas y en consulta con un veterinario certificado.

- **Inmunomoduladores**: Se ha demostrado que ciertos compuestos, como los β-glucanos derivados de levaduras o algas, aumentan el sistema inmunitario del ganado cuando se incluyen en sus dietas.

Es necesario tener en cuenta que los requisitos dietéticos específicos para un sistema inmunitario robusto pueden variar entre las distintas especies ganaderas y animales individuales. Para garantizar una salud inmunitaria óptima, es aconsejable consultar con un veterinario o nutricionista animal para formular una dieta que satisfaga las necesidades específicas del ganado en cuestión.

Deficiencias nutricionales que afectan al sistema inmunitario

Las deficiencias de nutrientes vitales y componentes dietéticos esenciales para un sistema inmunitario robusto en el ganado pueden comprometer la función inmunitaria, lo que provoca una serie de problemas de salud y una mayor susceptibilidad a las enfermedades.

Deficiencia de proteínas

Los animales con una dieta insuficiente en proteínas pueden experimentar una producción reducida de anticuerpos y células inmunitarias. Estos anticuerpos son esenciales para reconocer y neutralizar patógenos, y las células inmunitarias desempeñan un papel crucial en las respuestas inmunitarias. Una carencia de proteínas puede debilitar las respuestas inmunitarias, haciendo que los animales sean más susceptibles a las enfermedades. Su capacidad para combatir infecciones puede verse comprometida. Además, la lenta cicatrización de las heridas y el deterioro de la reparación de los tejidos también pueden ser consecuencia de la carencia de proteínas, ya que estos procesos necesitan proteínas para producir y reparar los tejidos dañados.

Deficiencias vitamínicas

Las distintas carencias vitamínicas tienen efectos diversos. La carencia de vitamina A puede dañar la integridad de las barreras epiteliales, como las de la piel y las mucosas, que constituyen la primera línea de defensa del organismo contra los agentes patógenos. Las barreras debilitadas facilitan la entrada de agentes infecciosos en el organismo. Asimismo, la deficiencia de vitamina D conduce a una regulación inadecuada de las respuestas inmunitarias. Puede dar lugar a enfermedades autoinmunes, en las que el sistema inmunitario ataca los tejidos del organismo. Del mismo modo, la carencia de vitamina E debilita la capacidad del sistema inmunitario para defenderse del estrés oxidativo y las infecciones, y aumenta la susceptibilidad a las enfermedades.

Deficiencias minerales

Los glóbulos blancos son vitales para reconocer y atacar a los patógenos. Una carencia de zinc reduce la función de los glóbulos blancos y deteriora las respuestas inmunitarias. La carencia de cobre también puede afectar negativamente al desarrollo y la función de las células inmunitarias. Esto merma la capacidad del sistema inmunitario para defenderse de los agentes patógenos.

Deficiencias de probióticos y prebióticos

Las deficiencias de probióticos y prebióticos pueden provocar un desequilibrio del microbioma intestinal. Esta afección, conocida como disbiosis intestinal, puede alterar la interacción del sistema inmunitario con el intestino, aumentar las probabilidades de desarrollar infecciones intestinales y dificultar la protección frente a enfermedades.

Deficiencia de ácidos grasos omega-3

Los ácidos grasos omega-3 tienen propiedades antiinflamatorias. Una deficiencia de estas grasas saludables puede conducir a una regulación inmunitaria inadecuada, causando potencialmente una inflamación excesiva y aumentando el riesgo de enfermedades crónicas. El ganado con deficiencias de ácidos grasos omega-3 puede mostrar una menor resistencia a las enfermedades infecciosas, ya que la inflamación es un componente crítico de la respuesta inmunitaria.

Carencias de antioxidantes

La falta de antioxidantes, como el selenio y la vitamina E, puede aumentar la susceptibilidad al estrés oxidativo. El estrés oxidativo puede dañar las células inmunitarias y perjudicar su función. El ganado con deficiencias de antioxidantes puede debilitar la capacidad del sistema inmunitario para combatir las infecciones.

Deficiencia de carbohidratos y energía

Una ingesta inadecuada de carbohidratos y energía puede provocar una reducción de los niveles de energía, lo que puede debilitar la respuesta inmunitaria. Las células inmunitarias necesitan energía para funcionar eficazmente. Los animales con deficiencias energéticas pueden experimentar una recuperación más lenta de la enfermedad y una salud comprometida, ya que sus cuerpos luchan por organizar respuestas inmunitarias y reparar los tejidos dañados.

Deficiencia de agua

La deshidratación puede obstruir el transporte de nutrientes y la eliminación de productos de desecho, afectando a la función de las células inmunitarias y a la salud general del ganado. Asimismo, la deficiencia de agua puede aumentar el riesgo de estrés por calor, lo que compromete aún más el sistema inmunitario y provoca otros problemas de salud.

Hierbas, productos botánicos e inmunomoduladores

Los efectos de determinadas hierbas, productos botánicos e inmunomoduladores sobre la función inmunitaria pueden variar. Algunos pueden reforzar el sistema inmunitario, mientras que otros pueden tener efectos limitados o no probados. La ausencia de estos componentes dietéticos significa perderse los beneficios inmunomoduladores potenciales que podrían proporcionar al ganado, afectando potencialmente a su salud inmunitaria.

Las deficiencias de estos nutrientes vitales y componentes dietéticos pueden afectar significativamente al sistema inmunitario del ganado. Estos efectos pueden manifestarse como una mayor susceptibilidad a las enfermedades, respuestas inmunitarias comprometidas, una recuperación más lenta de las enfermedades y un deterioro general de la salud y la productividad. Por lo tanto, una nutrición y una gestión dietética adecuadas son esenciales para mantener un sistema inmunitario fuerte y eficaz en el ganado.

Salud intestinal y nutrición

El intestino, concretamente el tracto gastrointestinal (GI), es un sistema complejo y dinámico responsable de diversas funciones críticas, y la nutrición influye significativamente en su salud.

Proporcionar nutrientes

La nutrición suministra la energía y los nutrientes esenciales necesarios para el crecimiento, mantenimiento y reparación de las células que recubren el tracto gastrointestinal. Las células de la mucosa intestinal tienen un rápido recambio, y una nutrición adecuada garantiza la reposición de estas células, manteniendo la integridad del revestimiento intestinal.

Fomentar un microbioma intestinal sano

El sistema alimentario alberga billones de microorganismos beneficiosos, como bacterias, virus y hongos, conocidos colectivamente como microbioma intestinal. Una dieta equilibrada con fibras y prebióticos adecuados puede favorecer el crecimiento de bacterias intestinales beneficiosas. Estos microorganismos son cruciales para la digestión, la absorción de nutrientes y la función inmunitaria. Un microbioma intestinal sano ayuda a proteger frente a patógenos nocivos y contribuye a la salud intestinal en general.

Mantener la función de barrera intestinal

El revestimiento intestinal es una barrera que impide la entrada de sustancias nocivas, como patógenos y toxinas, en el torrente sanguíneo. Una nutrición adecuada contribuye al mantenimiento de una barrera intestinal fuerte, aportando los nutrientes necesarios para la producción de mucina y proteínas de unión estrecha. Una barrera intestinal deteriorada puede provocar el síndrome del intestino permeable, que permite la entrada de sustancias no deseadas en el torrente sanguíneo, lo que puede provocar inflamación y diversos problemas de salud.

Modulación de la inflamación

Ciertos nutrientes y componentes de la dieta pueden provocar o reducir la inflamación intestinal. Los ácidos grasos omega-3, por ejemplo, tienen propiedades antiinflamatorias y ayudan a controlar afecciones inflamatorias como la enfermedad inflamatoria intestinal (EII). Una nutrición adecuada puede modular la respuesta inflamatoria del intestino y contribuir a su salud.

Prevención de trastornos gastrointestinales

Las elecciones nutricionales pueden influir en el desarrollo y la progresión de diversos trastornos gastrointestinales, como la gastritis, la gastroenteritis y el cáncer colorrectal. Una dieta rica en fibra con frutas, verduras y antioxidantes puede reducir el riesgo de algunas enfermedades gastrointestinales y favorecer la salud intestinal.

Equilibrar el pH intestinal

La nutrición puede influir en los niveles de pH del intestino. Un entorno de pH óptimo es vital para que las enzimas digestivas y el microbioma intestinal funcionen adecuadamente. Los desequilibrios del pH pueden provocar afecciones como el reflujo ácido, en las que pueden influir las elecciones dietéticas.

Favorecer la motilidad intestinal

Para mantener una motilidad intestinal saludable se necesita una dieta adecuada en fibra e hidratación. El movimiento adecuado de los alimentos y los desechos a través del tracto gastrointestinal previene el estreñimiento y garantiza la absorción eficaz de los nutrientes.

Gestión de las alergias e intolerancias alimentarias

Algunos animales pueden tener alergias o intolerancias alimentarias que afectan a su salud intestinal. Una nutrición adecuada, que incluya evitar los alimentos desencadenantes, puede ayudar a controlar estas afecciones y aliviar los síntomas.

Influencia de las enfermedades del ganado

Mastitis (vacas lecheras)

Una nutrición adecuada garantiza que las vacas dispongan de los recursos necesarios para mantener unas ubres sanas, lo que puede ayudar a prevenir la mastitis. Además, una vaca sana es más probable que tenga un sistema de defensa fuerte que pueda responder eficazmente a los patógenos intrusos. Cuando se produce una mastitis, es necesaria una respuesta inmunitaria fuerte para combatir la infección y favorecer la recuperación.

Fiebre aftosa (ganado diverso)

En el caso de la fiebre aftosa, un animal bien alimentado y con una respuesta inmunitaria sólida tiene más probabilidades de resistir la infección y recuperarse rápidamente. El virus puede propagarse más fácilmente entre animales con sistemas inmunitarios debilitados, lo que subraya la importancia de la nutrición en la prevención y gestión de esta enfermedad altamente contagiosa.

Coccidiosis (aves de corral, ganado vacuno, ovino y caprino)

Una dieta equilibrada que satisfaga las necesidades nutricionales del ganado ayuda a prevenir la coccidiosis. Un animal bien alimentado está mejor preparado para organizar una fuerte respuesta inmunitaria contra los parásitos coccidianos.

Enfermedades respiratorias (porcino, aves de corral, bovino)

Los nutrientes, incluidas las vitaminas y los minerales, favorecen la función pulmonar y pueden ayudar a prevenir las enfermedades respiratorias. Además, un sistema inmunitario sano es fundamental para prevenir y controlar las infecciones causadas por patógenos respiratorios como bacterias y virus. El ganado con un sistema inmunitario debilitado es más vulnerable a las infecciones respiratorias graves.

Infecciones parasitarias (ganado diverso)

Los parásitos, como las lombrices gastrointestinales, pueden ser especialmente perjudiciales para los animales con respuestas inmunitarias comprometidas. El suministro adecuado de probióticos a través de la nutrición es esencial para controlar y limitar el impacto de las infecciones parasitarias.

Enfermedades clostridiales (ovinos y bovinos)

Una nutrición adecuada favorece su sistema inmunitario, lo que es necesario para prevenir y tratar las enfermedades clostridiales. Estas enfermedades, causadas por la bacteria clostridium, pueden ser especialmente graves en animales con defensas inmunitarias debilitadas.

Infecciones por micoplasma (aves de corral, cerdos, ganado)

Los nutrientes suministrados al ganado fortalecen el sistema inmunitario, permitiéndole desarrollar una respuesta inmunitaria viable que disminuye la gravedad y la duración de las infecciones.

Salmonelosis (Ganado diverso)

Un intestino sano es menos susceptible a la colonización por bacterias de salmonela, lo que reduce el riesgo de salmonelosis. Además, un sistema inmunitario robusto es vital para controlar la infección y prevenir su propagación a otros animales. Una nutrición adecuada y una respuesta inmunitaria fuerte son factores clave para prevenir y controlar las infecciones por Salmonella.

Prácticas de gestión a seguir

Acceso a agua limpia

Asegure un suministro constante de agua limpia y fresca para su ganado. Una hidratación adecuada es esencial para la salud general y la función inmunitaria; limpie regularmente los bebederos y recipientes para evitar la proliferación de bacterias nocivas y garantizar la buena calidad del agua.

Dieta equilibrada

Consulte a un nutricionista o veterinario para formular una dieta equilibrada para su ganado. Las distintas especies y etapas de la vida tienen necesidades nutricionales únicas. Utilice piensos de alta calidad debidamente almacenados para garantizar el contenido y la calidad de los nutrientes. Controle la disponibilidad de alimento, especialmente en condiciones climáticas extremas, y ajuste las raciones según sea necesario.

Gestión del forraje y los pastos

Practique el pastoreo rotativo para evitar el sobrepastoreo y permitir que los pastos se recuperen. Este enfoque puede ayudar a mantener la calidad del forraje y reducir el riesgo de infecciones parasitarias. Vigilar la calidad del forraje y ajustar la dieta en consecuencia, especialmente durante las diferentes estaciones.

Vacunación y prevención de enfermedades

Establezca un programa de vacunación basado en los riesgos específicos de enfermedad de su ganado. Consulte con un veterinario para elaborar un calendario de vacunación completo. Necesitará medidas de bioseguridad adecuadas para evitar la introducción de enfermedades en su granja. Ponga en cuarentena a los animales nuevos para minimizar el riesgo de transmisión de enfermedades.

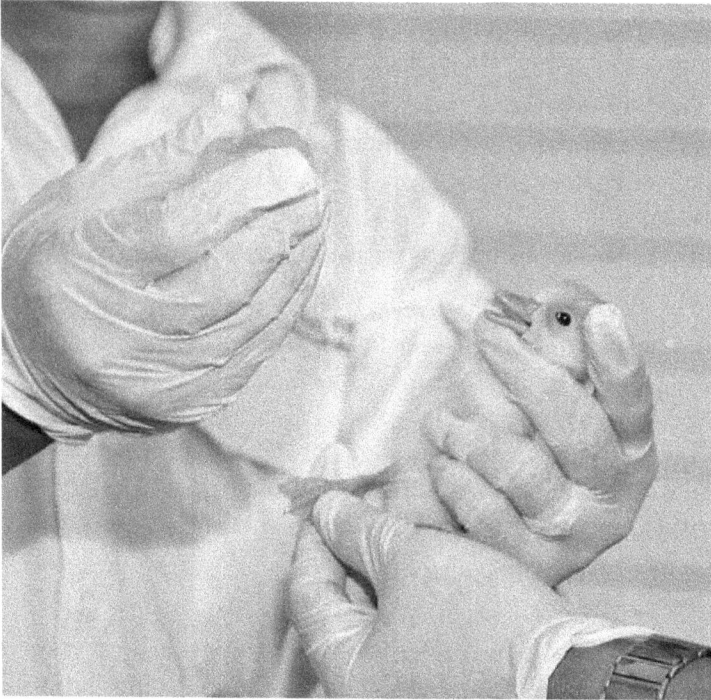

Establezca un programa de vacunación basado en los riesgos específicos de enfermedad de su ganado

Gestión del estrés

Reduzca al mínimo los factores de estrés, como el hacinamiento, los cambios bruscos de dieta y el transporte, ya que pueden debilitar el sistema inmunitario. Manipule el ganado con suavidad y calma para reducir el estrés durante las prácticas rutinarias de manejo.

Higiene ambiental

Mantenga las zonas habitadas limpias y bien ventiladas para reducir el riesgo de infecciones respiratorias. Gestione adecuadamente el estiércol y los residuos para minimizar el riesgo de reproducción de insectos de enfermedades y mantener limpio el entorno.

Suplementos minerales y vitamínicos

Analice el contenido en minerales de sus campos y forrajes para determinar si es necesario administrar suplementos. Consulte a un nutricionista para obtener recomendaciones específicas. Si es necesario, establezca bloques de minerales o suplementos.

Control y mantenimiento de registros

Controle regularmente la salud y el estado de su ganado. Busque signos de enfermedad o estrés. Mantenga registros detallados de vacunaciones, prácticas de alimentación y observaciones sanitarias para identificar tendencias y posibles problemas.

Control de parásitos

Desarrolle un programa de control de parásitos que incluya prácticas regulares de desparasitación y pastoreo rotativo. Utilice el recuento de huevos fecales para controlar la carga de parásitos y evaluar la eficacia de su programa de control de parásitos.

Selección genética

A la hora de elegir los reproductores, tenga en cuenta los rasgos genéticos relacionados con la resistencia a las enfermedades y la salud en general. Seleccione animales con un historial de fuerte inmunidad y resistencia a enfermedades comunes.

Consideraciones sobre la temperatura y el clima

Proporcione un refugio adecuado para proteger al ganado de condiciones climáticas extremas. La exposición a ambientes fríos, húmedos o excesivamente calurosos puede debilitar el sistema inmunitario. Ajuste los programas de alimentación y las cantidades en respuesta a los cambios estacionales en las necesidades nutricionales.

Consulta y formación

Colabore estrechamente con veterinarios, nutricionistas y servicios de extensión para mantenerse informado sobre las mejores prácticas y los avances en la gestión del ganado. Infórmese periódicamente, tanto usted como su personal, sobre las últimas investigaciones y recomendaciones en materia de nutrición y gestión sanitaria.

Una dieta equilibrada, que incluya una cantidad adecuada de proteínas, vitaminas, minerales y nutrientes esenciales, es fundamental para la función inmunitaria y el bienestar general. Una nutrición adecuada favorece un sistema inmunitario robusto, reduciendo el riesgo y la gravedad de las enfermedades.

Componentes como los probióticos, los prebióticos y los simbióticos ayudan a mantener un microbioma intestinal sano, mientras que los ácidos grasos omega-3, los antioxidantes y los carbohidratos favorecen la respuesta inmunitaria. Las deficiencias de estos nutrientes vitales pueden comprometer la función inmunitaria y dejar al ganado vulnerable a infecciones y problemas de salud.

Además, las prácticas de gestión desempeñan un papel crucial en el mantenimiento de una salud óptima. Entre ellas se incluyen el acceso a agua limpia, la rotación del pastoreo para mejorar la calidad del forraje, la vacunación y la prevención de enfermedades, la reducción del estrés, la higiene ambiental y la selección genética para la resistencia a las enfermedades.

También son vitales la supervisión, el mantenimiento de registros y la consulta con veterinarios y nutricionistas. La incorporación de estas medidas a la gestión del ganado le ayudará a garantizar que sus animales reciban la nutrición adecuada, mantengan un sistema inmunitario fuerte y estén mejor preparados para resistir a las enfermedades, optimizando en última instancia su salud y productividad generales.

Capítulo 6: Remedios a base de plantas medicinales

Nunca es fácil ver a su ganado infectado por parásitos. Naturalmente, quiere encontrar el mejor remedio para ellos, pero la medicina tradicional contiene productos químicos que pueden ser perjudiciales para sus animales y pueden hacer más mal que bien con los efectos secundarios no deseados. Además, son más caros y pueden tardar un tiempo en dar resultados reales. Por esta razón, debería considerar las opciones naturales. Los remedios a base de plantas son una gran alternativa y mucho más seguros para su ganado.

Este capítulo explica los remedios herbales y su uso histórico. También presenta algunos de los remedios más comunes con sencillas instrucciones paso a paso.

¿Qué son los remedios a base de plantas?

Los remedios a base de plantas, también llamados medicina botánica, terapia botánica y fitoterapia, son medicamentos naturales elaborados a partir de distintas partes de plantas como tallos, cortezas, flores, raíces, bayas y hojas. Se utilizan para tratar o prevenir diversas enfermedades. A diferencia de los medicamentos normales, las hierbas medicinales no se someten a pruebas ni están reguladas. Las hierbas son plantas que se utilizan por sus cualidades saladas, aromáticas y medicinales.

Los remedios a base de plantas se encuentran entre los tratamientos más antiguos del mundo

Los remedios a base de plantas se encuentran entre los tratamientos más antiguos del mundo. La mayoría de las recetas medicinales modernas proceden de la medicina popular.

Uso histórico de las hierbas medicinales

La gente ha utilizado hierbas y medicinas tradicionales para el ganado durante miles de años. Las hierbas eran muy populares en muchas culturas antiguas, ya que se utilizaban con distintos fines. Por ejemplo, los romanos purificaban el aire con eneldo.

Uno de los médicos griegos más renombrados, Hipócrates, también encontró 400 hierbas para tratar enfermedades. Otro médico griego, Pedanius Dioscorides, escribió un libro titulado "De Materia Medica" en el que enumeraba los beneficios y usos medicinales de diversas hierbas. A día de hoy, muchas personas siguen utilizando este libro como referencia para la medicina natural.

Los antiguos egipcios también utilizaban las plantas como remedios. Los arqueólogos encontraron un antiguo papiro que contenía 700 fórmulas médicas sorprendentemente avanzadas. Hablaban del uso de hierbas como el laurel, la albahaca y el aloe con fines medicinales.

En la Edad Media, la gente utilizaba hierbas para conservar la carne, tapar el sabor a podrido de los alimentos y enmascarar los malos olores corporales. Curiosamente, la fitoterapia no era popular en aquella época porque se asociaba con el paganismo y la brujería. Los indios americanos también conocían la importancia de los remedios herbales por sus antepasados y cultivaban diferentes hierbas en sus jardines.

La herboristería alcanzó su máxima popularidad entre los siglos XV y XVII. Los libros griegos y latinos se tradujeron al inglés y tuvieron una gran demanda.

A lo largo de los años, la herboristería se ha enfrentado a muchos retos por su asociación con la brujería o porque otros la acusaban de ser cuentos de viejas. Sin embargo, las cosas cambiaron en el siglo XX, cuando el Consejo de Educación Médica estableció normas para el uso médico de las hierbas. Sin embargo, muchas facultades no daban prioridad a la enseñanza de las hierbas. Por suerte, en los últimos 50 años ha crecido el interés por la medicina popular y la herboristería, y muchos remedios a base de plantas se venden por Internet o en tiendas.

No hay muchas pruebas que demuestren cómo la gente empezó a utilizar las hierbas como medicina o descubrió qué plantas eran seguras y cuáles tóxicas. Sin embargo, en el año 1 d. C., el herborista romano Plinio escribió que los humanos aprendieron sobre las hierbas seguras a partir de animales como ciervos, perros y golondrinas.

A lo largo de los años, la gente ha utilizado hierbas para curar sus enfermedades y tratar a su ganado y animales domésticos. Pruebas de hace 60.000 años demuestran que los humanos utilizaban las mismas plantas medicinales para sí mismos y para sus animales.

Las hierbas también se han utilizado durante siglos para tratar los parásitos de los animales. Muchos registros antiguos muestran que la gente utilizaba extractos de ajo, aceite de ricino y nueces de areca para controlar los parásitos en los animales.

Creciente interés por las alternativas a base de plantas para el control de parásitos

En los últimos años, cada vez más gente se ha fijado en las hierbas medicinales para tratar a su ganado. La medicina natural es mejor que la tradicional en muchos aspectos. No provoca muchos efectos secundarios, no contiene productos químicos ni aditivos artificiales, es asequible y no causa irritación en el estómago.

Como se cría ganado para obtener carne y otros productos, hay que asegurarse de que estos productos sean seguros y limpios. Así, los animales no deben contener residuos de medicamentos como antihelmínticos o antibióticos, que pueden causar problemas de salud a las personas que consumen su carne. Muchos ganaderos tratan a su ganado con hierbas medicinales en lugar de medicamentos químicos para garantizar la seguridad de su ganado y proteger la salud de su familia.

¿Son eficaces los remedios a base de plantas?

Muchas personas se preguntan a menudo si los remedios a base de plantas son eficaces en humanos y animales. Si no lo fueran, ¿seguirían siendo populares en todo el mundo después de tantos años?

En Asia y otros países, la gente utiliza plantas medicinales para tratar parásitos y gusanos en el ganado. Después de utilizar plantas como Hedysarum coronarium y Lotus pedunculatus para tratar a sus ovejas, notaron una disminución del 50% en la infestación por gusanos. El aceite de tanino también ha demostrado su eficacia para debilitar la actividad de los parásitos en el ganado.

Según un estudio publicado en *Herald Scholarly Open Access*, las hierbas medicinales con actividad antibacteriana, como la cúrcuma, el jengibre, el tomillo, la canela y el clavo, pueden tratar los parásitos del ganado.

En otro estudio realizado por la Universidad de Cambridge, muchas hierbas con propiedades antiparasitarias, como el aceite de coco, el aceite de clavo, el anís y el hilo de oro, demostraron su eficacia en el tratamiento de las lombrices de los animales de granja.

Limitaciones de los remedios a base de plantas

Los remedios a base de plantas, como cualquier tipo de medicamento, tienen sus propias limitaciones. Por desgracia, todas las pruebas que demuestran la eficacia de la fitoterapia son muy limitadas. Aunque algunas investigaciones científicas las respaldan, sus resultados y su éxito se basan principalmente en el uso tradicional.

Un estudio de la Universidad de Cambridge también descubrió que no todas las plantas antiparasitarias son eficaces. Por ejemplo, el árbol de neem trata eficazmente las enfermedades gastrointestinales y otros problemas relacionados con los parásitos en el ganado. Sin embargo, cuando se utilizaron sus hojas para tratar a una oveja parasitada, no se observó ningún efecto antihelmíntico.

Lista de hierbas medicinales para el control de parásitos

Hay muchos tipos de plantas medicinales en la naturaleza, y cada una tiene su propio uso y beneficios. Esta sección explora los remedios herbales con propiedades antihelmínticas utilizados habitualmente para el control de parásitos. Las plantas antihelmínticas matan a los parásitos intestinales o los eliminan.

Aloe vera

Aunque el aloe vera es conocido por sus propiedades calmantes, también tiene otros beneficios. La planta puede eliminar o destruir parásitos y proteger a los animales de nuevas infecciones.

Ingredientes activos:

- **Hormonas:** Tienen propiedades antiinflamatorias y pueden curar heridas.
- **Ácidos grasos:** Tienen propiedades antiinflamatorias.
- **Antraquinonas:** Tienen propiedades antivirales y antibacterianas.
- **Azúcares:** Aportan fructosa y glucosa al organismo.
- **Minerales** como zinc, sodio, potasio, manganeso, magnesio, selenio, cobre, cromo y calcio.
- **Enzimas:** Reducen la inflamación.
- **Vitaminas** como la colina, el ácido fólico y las vitaminas A, B12, C y E.

Mecanismos de acción:

- **Efecto antiséptico:** Ayuda a combatir virus, bacterias y hongos.
- **Propiedades antivirales:** Refuerza el sistema inmunitario y lo protege contra las infecciones.
- **Efectos laxantes:** Aumenta la secreción de moco y la conexión de agua en los intestinos.
- **Propiedades antiinflamatorias.**
- **Propiedades cicatrizantes:** Acelera la contracción de las heridas.

Manzanilla

La manzanilla tiene propiedades antihelmínticas y es rica en compuestos tánicos. Paraliza el parásito y reduce el proceso de eclosión de los huevos.

Compuestos activos:
- Rutina.
- Luteolina.
- Apigenina.
- Quercetina.

Estos compuestos tienen propiedades antioxidantes y antibacterianas.

Mecanismos de acción:
- Propiedades anticancerígenas.
- Propiedades antiinflamatorias.
- Protege contra problemas cardiovasculares.
- Trata la diarrea.
- Tratamiento del eczema.
- Trata las afecciones gastrointestinales.
- Refuerza el sistema inmunitario.

Cilantro

Las semillas de cilantro son muy conocidas por sus propiedades curativas. Se consideran fungicidas, bactericidas y larvicidas. Pueden eliminar los parásitos y proteger su cuerpo de estos microorganismos.

Compuestos activos:
- Linalol.
- Terpineno.
- Pineno.
- Alcanfor.
- Limoneno.
- Acetato de geranilo.
- Cimeno.
- Acetato de bornilo.
- Timol.
- Ácido gálico.

Mecanismos de acción:
- Propiedades antiinflamatorias.
- Propiedades anticancerígenas.
- Alivia las molestias gastrointestinales.

• Estimula el hígado para aumentar la secreción de bilis.

Ajo

El ajo es conocido por sus propiedades antibacterianas, capaces de eliminar los parásitos del tracto gastrointestinal. También tiene otros beneficios para la salud, como mejorar el sistema inmunitario de los animales y protegerlos de nuevas infestaciones parasitarias.

El ajo es conocido por sus propiedades antibacterianas que pueden eliminar los parásitos del tracto gastrointestinal

https://pixabay.com/photos/garlic-ingredient-flavoring-3419544/

Compuestos activos:

- **Compuestos organoazufrados:** alicina, ajoeno, aliina, disulfuro de alilo propilo, polisulfuros de dialilo, diluyentes de vinilo, tetrasulfuro de dialilo, sulfuro de dialilo, disulfuro de dialilo, trisulfuro de dialilo y trisulfuro de alilo metilo.

- **Compuestos fenólicos:** como los ácidos sinápico, cumárico, hidroxibenzoico, ferúlico vainillínico y cafeico.

- **Saponinas:** como erubósido B y proto-erubósido B.

Estos compuestos tienen propiedades antibacterianas y antioxidantes.

Mecanismos de acción:

- Propiedades antimicrobianas.

- Estimula el sistema inmunitario.

- Protege contra los problemas cardiovasculares.
- Propiedades anticancerígenas.
- Protege el sistema digestivo.

Jengibre

El jengibre es uno de los remedios herbales más populares, y la gente lleva siglos utilizándolo para tratar el aparato digestivo. Aunque no hay pruebas suficientes que avalen su efecto sobre los parásitos del ganado, no está de más experimentar con él. Añádalo a la comida de sus animales cada semana y observe los resultados.

Compuestos activos:

- Compuestos terpénicos.
- Fenólicos, como paradoles, shogaoles y gingeroles.
- Polifenoles como 10-gingerol y 8-gingerol.

Mecanismo de acción:

- Propiedades antimicrobianas.
- Propiedades antitumorales.
- Propiedades antiinflamatorias.

Neem

Las personas que utilizaban remedios químicos encontraron en el neem una alternativa estupenda y eficaz. No sólo elimina los parásitos, sino que también protege al ganado de enfermedades fúngicas. Para proteger a sus animales de los parásitos, los granjeros alimentan a su ganado con torta de neem en algunas partes de la India y utilizan los aceites y las hojas de la planta para prevenir las infecciones parasitarias.

Compuestos activos:

- Azadiractina.
- Quercetina.
- Salannina.
- Gedunina.
- Nimbinato sódico.
- Nimbidol.
- Nimbidina.
- Nimbin.

Mecanismos de acción:

- Propiedades antiinflamatorias.
- Propiedades anticancerígenas.
- Propiedades antioxidantes.

Caléndula

La caléndula tiene propiedades antimicrobianas y puede ser un tratamiento eficaz contra cualquier enfermedad causada por parásitos o cualquier otro microorganismo.

Compuestos activos:

- Luteína.
- Glucósidos sesquiterpénicos.
- Saponinas.
- Glucósidos triterpénicos.
- Tipo oleanano.
- Oligoglucósidos de triterpeno.
- Glicósido de flavonol.

Mecanismos de acción:

- Propiedades antifúngicas.
- Reduce la inflamación.
- Propiedades antioxidantes.

Semillas de calabaza

Las semillas de calabaza pueden ser un tratamiento eficaz contra las tenias y otros tipos de parásitos intestinales. Estas semillas tienen un alto contenido en aminoácidos cucurbitáceos y pueden paralizar a los parásitos y expulsarlos del tracto gastrointestinal.

Compuestos activos:

- Cucurbitacinas.
- Tocoferoles.
- Compuestos fenólicos.
- Ácidos grasos insaturados.
- Fitoesteroles.
- Aminoácidos.

Mecanismos de acción:

- Contiene ácidos grasos omega-3 y omega-6.
- Propiedades antioxidantes.
- Elimina y protege de los parásitos.

Plantas ricas en taninos

El tanino es un compuesto que puede reducir o eliminar los parásitos del tubo digestivo. Muchas hierbas contienen taninos, como la salvia, el cilantro, el romero, la menta y el regaliz.

- Compuestos activos:
- Ácidos gálicos.
- D-glucosa.

Mecanismos de acción:

- Propiedades antiinflamatorias.
- Cicatrizante de heridas.
- Propiedades antioxidantes.

Cúrcuma

La curcumina es una de las sustancias que se encuentran en la cúrcuma y tiene propiedades antiparasitarias. También puede eliminar los gusanos adultos.

Compuestos activos:

- Curcumina.
- Aceite volátil.
- Curcuminoides.

Mecanismos de acción:

- Propiedades antiinflamatorias.
- Propiedades anticancerígenas.
- Propiedades antimicrobianas.

Ajenjo

El ajenjo se utiliza desde hace siglos para matar parásitos humanos y animales. También refuerza el sistema inmunitario del organismo y lo protege contra los gusanos. Esta hierba es extremadamente segura y no tiene efectos secundarios.

Compuestos activos:

- Tuyona.
- Cumarinas.
- Flavonoides.
- Ácidos fenólicos.
- Artemisinina.
- Isómeros de absintina.

Mecanismos de acción:

- Ayuda a la digestión.
- Propiedades antifúngicas y antibacterianas.
- Protege el hígado.
- Propiedades antiinflamatorias.
- Refuerza el sistema inmunitario.
- Propiedades antioxidantes.
- Protege las células nerviosas.
- Alivia el dolor.

Elaboración y administración de remedios a base de plantas

Ahora que comprende la importancia de los remedios a base de plantas, está preparado para descubrir diversas fórmulas de medicina natural para tratar su ganado.

Té

Instrucciones:

1. Recoja las hojas y raíces de cualquiera de las plantas aquí mencionadas.
2. Déjelas secar en un lugar cálido y oscuro.
3. Una vez secas, guárdelas en tarros etiquetados en un lugar fresco y oscuro.
4. Tome 1 cucharadita de hojas o raíces secas y prepare té añadiéndoles agua caliente.

Infusión de té fuerte
Instrucciones:

1. Hierva a fuego lento una cucharadita de partes de la planta en una tetera de acero inoxidable.
2. Déjela enfriar, pero no quite la tapa.
3. Utilícelo mientras esté fresco.

Ponga la infusión en una jeringuilla y adminístrela en la boca de los animales. Puede darles este remedio una vez al día durante una semana. Asegúrese de que se haya enfriado antes de que lo consuman.

Tintura nº 1
Instrucciones:

1. Corte o trocee las hojas o raíces de las plantas en un tarro de cristal.
2. Vierta alcohol, como vodka, para cubrir las partes de la planta, o mezcle el alcohol con agua.
3. Cubra el tarro con una tapa, etiquételo y añada la fecha.
4. Guárdelo durante seis semanas en un lugar fresco y oscuro.

Si lo prefiere, puede retirar el material vegetal y conservar sólo el líquido. Si no quiere utilizar alcohol, use vinagre o glicerina en su lugar. Sin embargo, si piensa almacenarlo durante un largo periodo de tiempo, añadir alcohol es la mejor opción, ya que tiene una larga vida útil.

Ponga la tintura en un frasco con cuentagotas y administre a su animal de 10 a 15 gotas una vez al día durante una semana.

Tintura n.º 2
Ingredientes:

- 1 1/4 tazas de glicerina.
- 2 dientes de ajo machacados.
- 1 cucharada de orégano.
- 1 cucharada de tomillo.
- 1 cucharada de raíz de uva de Oregón.
- 2 cucharadas de hojas o raíces de equinácea.

Instrucciones:

1. Mezclar todos los ingredientes menos la glicerina.
2. Añada la glicerina.

3. Ponga la mezcla en un tarro de cristal y ciérrelo herméticamente.

4. Guárdelo en un lugar fresco y oscuro durante un mes.

5. Agite el frasco una vez al día.

6. Transcurrido un mes, vierta la tintura en un frasco gotero de cristal.

Administrar por vía oral poniendo de 10 a 15 gotas en la boca o en el agua del animal.

Pasta

Ingredientes

- 1 cucharada de cera de abejas.
- 1 cucharada de hierbas secas.
- 2 cucharadas de aceite de oliva.

Instrucciones:

1. Llene un tarro con hierbas secas y, a continuación, vierta el aceite de oliva.

2. Coloque el tarro en un lugar seco y cálido y cúbralo con una estopilla para protegerlo de los insectos y el polvo.

3. Guárdelo durante seis semanas para que el aceite se infusione.

4. Compruebe regularmente que no haya moho.

5. Una vez infusionado el aceite, añada la cera de abejas para crear una pasta.

Aplicar sobre el animal cuando sea necesario.

Tónico

Ingredientes:

- 2 tazas de ajenjo.
- 2 tazas de hojas de tomillo.
- 2 tazas de hojas de salvia.
- 1 taza de polvo de hojas de romero.
- 1 taza de polvo de semillas de psilio.
- 1 taza de polvo de semillas de mostaza.
- 1 taza de raíz de jengibre en polvo.
- 1 taza de ajo en polvo.
- 1 taza de pimienta de cayena en polvo.

- 1 taza de cáscara de nuez negra en polvo.
- 1 taza de polvo de semillas de anís (opcional).
- 1/2 taza de clavo en polvo.
- 1 taza de canela en polvo.
- 2 tazas de tierra de diatomeas (Aunque es un remedio muy eficaz contra los parásitos, puede hacer que el tónico se sienta polvoriento, lo que puede ser duro para los pulmones de sus animales. Puede dársela a su animal por separado para acelerar el proceso de curación).

Instrucciones:

1. Mezcle todos los ingredientes, colóquelos en un tarro de cristal y etiquételo.
2. Guárdelo en un lugar fresco y oscuro.
3. Administrar durante una semana, dos veces al día, y cada seis a ocho semanas, o según sea necesario.

NOTA: No utilice nuez negra ni ajenjo si su animal está en gestación. Los equinos nunca deben consumir nuez negra.

Bola dosificadora de hierbas
Ingredientes:

- 1/2 taza de hierba en polvo.
- 1/4 taza de harina (para mantener la mezcla unida).
- 1/4 de taza de miel o melaza.

Instrucciones:

1. Mezclar los dos primeros ingredientes y añadir la miel o la melaza.
2. Amáselos con los dedos o en un robot de cocina.
3. Formar 12 bolitas y rebozarlas en harina.

Alimente a su animal sólo con una bola al día. Puede dársela con la mano y puede que se la coma enseguida. Si no lo hace, métasela en la boca. En la mayoría de los casos, le gustará y se la tragará. Pero puede que no y lo escupa. Si esto ocurre, empújelo más hacia atrás. Rompa la pelota en trozos para las crías.

Puede dárselo con la mano y puede que se lo coman enseguida
https://commons.wikimedia.org/wiki/File:Feeding_the_sheep.jpg

Bálsamos

Ingredientes:

- 1 cucharada de miel.
- 1 cucharada de cera de abejas.
- 2 cucharadas de aceite de caléndula.
- 2 cucharadas de aceite de orégano.
- 2 cucharadas de aceite de manzanilla.

Instrucciones:

1. Derrita la cera de abeja y los aceites al baño maría.
2. A continuación, viértalos en un tarro y deje que se enfríen.
3. Una vez fríos, añada la miel al tarro.
4. Ciérrelo bien con una tapa y podrá utilizarlo de 6 a 12 meses.

Aplíquelo sobre la zona infectada de su animal dos veces al día hasta que se cure.

Jabones de baño
Ingredientes:
- 2 gotas de aceite esencial de eucalipto.
- 2 gotas de aceite esencial de árbol del té.
- 3 gotas de aceite esencial de orégano.
- 3 gotas de aceite esencial de lavanda.
- 3 tazas de jabón de Castilla.

Instrucciones:
1. Mezcle todos los ingredientes y colóquelos en una botella de cristal.
2. Duche al animal con el jabón una vez cada dos meses.
3. Frote y enjabone bien al animal.

NOTA: Algunas dosis pueden variar en función del tamaño y el número de animales, así que consulte a su veterinario para estar seguro.

Cuestiones de seguridad

Aunque los remedios a base de plantas son eficaces y beneficiosos, hay algunas cuestiones de seguridad que debe tener en cuenta para garantizar la seguridad de su ganado.

Toxicidad potencial

No todas las hierbas son seguras, y algunas son extremadamente tóxicas para el ganado. Debe conocer las hierbas tóxicas y evitarlas para mantener a salvo a su ganado y a su familia.

Cicuta de agua

Es una de las plantas más tóxicas y peligrosas de Norteamérica. Si su animal consume una pequeña cantidad, puede enfermar gravemente o incluso morir.

Signos de intoxicación por cicuta acuática:
- Babeo excesivo.
- Nerviosismo.
- Latidos cardíacos rápidos.
- Sacudidas musculares.
- Dilatación de las pupilas.
- Respiración acelerada.

- Temblores.
- Convulsiones.
- Coma.
- Muerte.

Altramuz

Si una vaca preñada consume altramuces, lo más probable es que sus bebés salgan deformes, con posibles defectos esqueléticos o paladar hendido.

Signos de intoxicación por altramuces:

- Depresión.
- Nerviosismo.
- Convulsiones.
- Falta de control muscular.
- Dificultad para respirar.
- Letargo.
- Coma.
- Muerte.

Camas de la muerte

A juzgar por su nombre, el consumo de esta planta puede ser mortal para su ganado. Así que asegúrese de mantener a sus animales alejados de ella.

Signos de intoxicación por Camas de la Muerte:

- Dificultad para respirar.
- Náuseas.
- Vómitos.
- Debilidad muscular.
- Insuficiencia cardiaca.
- Congestión pulmonar.
- Coma.
- Muerte.

Cicuta venenosa

La cicuta venenosa también puede provocar defectos congénitos en lechones y terneros.

Signos de intoxicación por cicuta venenosa:

- Pulso débil.
- Temblor.
- Parálisis.
- Depresión.
- Dilatación de las pupilas.
- Convulsión.
- Parálisis respiratoria.
- Heces sanguinolentas.
- Coma.
- Muerte.

Belladona

La belladona puede ser tóxica para las aves de corral, las ovejas, los cerdos, el ganado vacuno y los caballos.

Signos de intoxicación por Belladona:

- Dificultad para respirar con gruñido espiratorio.
- Somnolencia.
- Temblores.
- Parálisis.
- Debilitamiento progresivo.
- Secreción nasal.
- Temperatura elevada.
- Piel amarillenta.
- Vesícula biliar distendida.

Cereza negra

Signos de intoxicación por cereza negra:

- Dificultad para respirar.
- Tambaleo.
- Convulsión.
- Ansiedad.
- Colapso.
- Muerte súbita.

Consejos para un uso seguro de las plantas medicinales

Más vale prevenir que curar. El uso de la medicina natural es delicado. Un error puede poner en peligro la vida de sus animales. Siga estos consejos para utilizar remedios a base de plantas de forma segura.

- Infórmese sobre las hierbas venenosas y manténgalas alejadas de sus animales.
- Cuando prepare un remedio en casa, siga las instrucciones y la dosis recomendada.
- Si compra hierbas medicinales en una tienda, compruebe los ingredientes, la fecha de caducidad, los efectos secundarios y la dosis antes de usarlas.
- Compre sus hierbas sólo a un herbolario autorizado.
- Apréndalo todo sobre las hierbas y no dude en preguntar a su veterinario si tiene alguna duda.
- Llame al veterinario inmediatamente si le da a su animal hierbas medicinales y empieza a mostrar algún efecto secundario.
- Cuidado con las reacciones alérgicas. Llame al veterinario si su animal tiene problemas para respirar después de darle el medicamento.
- Si sus animales toman otros medicamentos, consulte al veterinario antes de darles hierbas medicinales.

Desafíos del uso de hierbas medicinales

Muchas personas se han encontrado con algunos problemas al utilizar remedios a base de plantas. Por ejemplo, algunas personas utilizaban cualquier tipo de hierba, creyendo que todas eran iguales. Naturalmente, no vieron ningún resultado real. Tras investigar un poco, se dieron cuenta de que existen hierbas específicas para tratar los parásitos y empezaron a utilizarlas. Algunos ganaderos tampoco prestaban atención a las pautas de dosificación y daban dosis altas a sus animales, enfermándolos. Tras consultar a sus veterinarios, se dieron cuenta de su error.

Algunos ganaderos descubrieron que sus animales enfermaban más después de tomar el medicamento. Sin embargo, más tarde descubrieron que se trataba del efecto secundario del medicamento. Algunos se dieron cuenta de su error después de perder a sus animales. Desde entonces, siempre observan a sus animales después de darles la medicación para ver si algo va mal.

No se puede predecir cómo reaccionará un animal a un remedio a base de plantas. Puede tener una reacción alérgica, empezar a mostrar efectos secundarios o empezar a mejorar. No se aleje de él después de darle el medicamento. Quédese cerca durante 20 o 30 minutos para observar su reacción. Si todo parece ir bien y no reacciona de forma extraña al remedio, continúe con la medicación.

Su seguridad y la de su familia dependen de la salud de su ganado. Considere la posibilidad de tratarlos con remedios naturales y manténgase alejado de los productos químicos nocivos. La medicina herbal existe desde el principio de los tiempos, y su popularidad no ha disminuido por una razón. Es eficaz y segura. Sin embargo, si su animal no mejora, debería considerar la medicina tradicional. En algunos casos, puede ser la única opción.

Capítulo 7: Estrategias naturales adicionales

Además de todos los métodos naturales comentados en los capítulos anteriores, existen enfoques naturales adicionales para el manejo holístico de los parásitos, ya que la integración de más de una medida es esencial para lograr un control sostenible de los parásitos. En este capítulo se exploran estas estrategias alternativas, basadas en investigaciones científicas y estudios de casos, ilustrando la aplicación con éxito de dichas estrategias en diferentes sistemas de producción ganadera.

Uso de la tierra de diatomeas

Debido a una aplicación más que generosa de antiparasitarios en el pasado, la aparición de parásitos resistentes a los antihelmínticos artificiales se ha convertido en una preocupación creciente para los ganaderos. La tierra de diatomeas (ED) puede ser un tratamiento alternativo adecuado para los parásitos internos porque no provoca resistencia antiparasitaria. En las cabras y otros rumiantes, también existe el problema de la debilidad de la inmunidad innata y adquirida frente a las infecciones por tiña, que no puede resolverse con otros métodos naturales. Por otra parte, la tierra de diatomeas, también conocida como diatomita, se utiliza desde hace siglos para desparasitar el ganado y otros animales e incluso para expulsar los parásitos intestinales de las personas. Además de como antihelmíntico, la tierra de diatomeas también puede utilizarse como tratamiento insecticida, agente filtrante del aire y el agua, suplemento y aditivo alimentario. Los minerales de este compuesto también pueden potenciar la nutrición y el crecimiento de los animales de granja, aumentando su peso vivo y mejorando su tolerancia al calor (especialmente en el caso de las ovejas). Además, aunque se utiliza principalmente para controlar los parásitos internos, también puede ser eficaz contra los externos, como piojos y pulgas.

¿Qué es la tierra de diatomeas?

La tierra de diatomeas es un polvo elaborado a partir de rocas sedimentarias naturales que son restos de algas fosilizadas

SprocketRocket, CC0, via Wikimedia Commons:
https://commons.wikimedia.org/wiki/File:Diatomaceous_Earth.jpg

La tierra de diatomeas es un polvo elaborado a partir de rocas sedimentarias naturales que son restos de algas fosilizadas. Una pequeña cantidad de polvo de tierra de diatomeas contiene millones de diatomeas, algas microscópicas de caparazón duro que poblaron la tierra hace millones de años. Depositadas en mares y lagos, las conchas se convirtieron en sedimentos y, cuando estas fuentes de agua se secaron, el resultado fue un compuesto rico en silicio. Además de silicona, la tierra de diatomeas también contiene otros minerales en cantidades variables, según su procedencia.

¿Cómo actúa la tierra de diatomeas?

Varias teorías avalan cómo la tierra de diatomeas puede ayudar a controlar y eliminar los parásitos de dentro y fuera del organismo del huésped. Según una de ellas, la eficacia de este compuesto contra los parásitos intestinales se aprecia en la forma de las partículas. Parecen un cilindro plagado de agujeros y tienen carga negativa. A medida que todos esos minúsculos cilindros se desplazan por el cuerpo, su carga negativa atrae todo lo que tiene carga positiva, lo que, además de los metales pesados, también se aplica a la capa externa de muchos parásitos intestinales y agentes patógenos. Los agujeros absorben todo lo que atraen los cilindros, atrapándolos en el interior de las partículas. Una vez atrapadas, el huésped no tiene problemas para eliminarlas a través del sistema intestinal. Las bacterias buenas del tracto gastrointestinal tienen una carga neutra o negativa, por lo que no se verán afectadas por las partículas, uno de los principales beneficios del uso de tierra de diatomeas. Además, eliminar los parásitos del tracto digestivo ayuda a mantener un equilibrio saludable en el microbioma de bacterias buenas, mejorando el apetito de los huéspedes y contribuyendo a un mejor aumento de peso. Un microbioma intestinal sano también reforzará su inmunidad, haciéndolos menos vulnerables a futuras infecciones e infestaciones parasitarias.

Otra forma en que la tierra de diatomeas actúa contra los parásitos gastrointestinales, en concreto los gusanos, es rompiendo su ciclo vital. Por ejemplo, varios estudios (*Laing et al. 2013, Beltrán y Martín 2015, Islam et al. 2016*) demostraron que el tratamiento regular con tierra de diatomeas puede impedir que las larvas de ascáride migren del estiércol a la hierba, donde los rumiantes la consumirían. Interrumpir el ciclo de vida del parásito de esta manera garantiza que el número de parásitos en los pastos se reduzca con el tiempo, reduciendo en última instancia el número de parásitos transportados por el huésped.

Una teoría similar correlaciona los bordes pequeños y afilados de las partículas de tierra de diatomeas con su acción abrasiva sobre el revestimiento de quistes e insectos parásitos externos. Las partículas arañan la superficie impermeable del revestimiento externo de estos animales y absorben los lípidos de su exoesqueleto, provocándoles finalmente la muerte. Por otra parte, otra teoría (*Köster, 2010*) afirma que, debido a su composición única, la tierra de diatomeas actúa junto con las enzimas digestivas como amortiguador para crear un entorno hostil para los parásitos gastrointestinales, impidiéndoles alimentarse y reproducirse.

Según un estudio que buscaba una alternativa menos invasiva para el control de las lombrices en las palomas (*M. WIEWIÓRA et al., 2015*), administrar regularmente a las aves suplementos de tierra de diatomeas disminuye significativamente el número de parásitos en el tracto digestivo. Los científicos han confirmado la eficacia de este enfoque en el ganado, los animales domésticos e incluso las personas, razón por la cual se puede comprar tierra de diatomeas en diferentes formulaciones (de calidad alimentaria para los seres humanos, para diversos tipos de animales, etc.).

A pesar de sus ventajas, algunos estudios (*Rahmann, G., & Seip, H., s.f.*) demuestran que, si bien la tierra de diatomeas puede afectar a la carga de parásitos medida por el recuento de huevos en las heces, no reduce algunos síntomas graves causados por parásitos internos y transmitidos por insectos (por ejemplo, descubrieron que la anemia suele persistir incluso después de haber expulsado los parásitos).

Cuando se utiliza para controlar los parásitos del ganado, la tierra de diatomeas puede aplicarse interna y externamente. Por ejemplo, si los animales están infestados de pulgas, puede aplicarse sobre su piel o pelaje polvo específicamente formulado para este fin. Hay que espolvorearlos a diario hasta que las pulgas mueran y la piel del animal se aclare. El tratamiento debe aplicarse a todos los animales del mismo grupo/localización, estén o no afectados. Las pulgas pueden migrar y esconderse en el pelaje de nuevos huéspedes, por lo que siempre se recomienda tratar a todos los animales.

Para aplicar tierra de diatomeas contra los parásitos internos, el polvo debe disolverse en agua y administrarse regularmente a los animales (siguiendo las instrucciones del fabricante). El proceso consiste en administrar el suplemento a los animales durante varios días hasta que la cantidad de gusanos y huevos expulsados a través de las heces se reduzca al límite mínimo aceptable. Realice mediciones periódicas y consulte las guías sobre los mínimos aceptables para los distintos animales a fin de combatir las infecciones parasitarias y evitar su reaparición.

Uso de plantas herbáceas y árboles con compuestos bioactivos

El material vegetal de plantas y árboles recolectados contiene compuestos bioactivos naturales que disuaden o eliminan los parásitos del organismo del huésped, lo que los convierte en un recurso excelente para eliminar las infecciones parasitarias en la cría de animales. Por ejemplo, los países nórdicos tienen una larga y consolidada tradición en el uso de plantas como antihelmínticos naturales tanto para animales como para humanos, y por una buena razón.

¿Cómo pueden ayudar las plantas a combatir las infestaciones parasitarias?

Además de ser densas en nutrientes y ayudar a cubrir las necesidades nutritivas de los animales, las plantas también están repletas de compuestos antiparasitarios llamados nutracéuticos. Se trata de metabolitos y sustancias secundarias de las plantas (en comparación con los compuestos para los que se utilizan principalmente y que aportan valor nutritivo), como los taninos, potentes agentes antiparasitarios. Muchas plantas contienen taninos, pero sólo aquellas con altos niveles de taninos condensados son adecuadas para controlar y combatir las infestaciones parasitarias. Estas plantas ricas en taninos se conocen como forraje bioactivo, pero también tienen otro beneficio. A diferencia de las plantas utilizadas con fines medicinales, que a menudo tienen efectos secundarios y, por consiguiente, deben utilizarse con cuidado y con la debida precaución, las plantas taníferas no son tóxicas. En caso necesario, pueden aplicarse en dosis mayores y durante un periodo prolongado. Incluso pueden incorporarse a la dieta normal del ganado como complemento de otras materias vegetales utilizadas para la alimentación.

Existen varias teorías sobre cómo los taninos condensados ayudan a combatir los parásitos del ganado. Según una de las más populares, cuando entran en contacto con la superficie del cuerpo del parásito, estos compuestos crean una potente reacción que dificulta las funciones metabólicas del parásito, la ingesta de alimentos, la reproducción y la movilidad. Según otra teoría, la biosfera rica en taninos también tiene una forma indirecta de actuar contra los parásitos. Los partidarios de esta teoría sostienen que, cuando se ingieren, los taninos condensados unen las proteínas a sí mismos, formando complejos que pueden resistir la degradación digestiva (especialmente fuerte en los rumiantes). De este modo, las proteínas pueden atravesar el tubo digestivo, donde serán absorbidas. Algunos parásitos, como los nematodos, provocan la degradación y pérdida de proteínas en los intestinos, impidiendo que el huésped tome este nutriente esencial. Dado que las proteínas son los componentes básicos de las células y esenciales para muchos procesos metabólicos, una ingesta reducida de proteínas provoca un deterioro de las funciones metabólicas, una de las cuales es la inmunidad. Al ayudar a que lleguen más proteínas a los intestinos, los taninos condensados pueden equilibrar los niveles de proteínas y proporcionar al huésped los recursos tan necesarios para reforzar su inmunidad y resistencia frente a parásitos y otros intrusos.

Cómo utilizar las plantas taníferas

Existen varias opciones para integrar las plantas taníferas en la dieta del ganado. Por ejemplo, pueden cultivarse como cultivos herbáceos y utilizarse en la rotación normal de alimentación como medida preventiva antes de una infestación prevista. O pueden conservarse como ensilado o heno y utilizarse, por ejemplo, para desparasitar posteriormente cuando se produzca una infestación. Sin embargo, algunos estudios sugieren que utilizar plantas taníferas de esta forma también puede tener consecuencias negativas, como la reducción de la ingesta o la digestibilidad del pienso (*Dawson et al., 1999*), si no se siguen las medidas adecuadas. Por ejemplo, no todas las plantas taníferas aportan suficientes nutrientes ni son adecuadas para la digestión de todos los tipos de ganado. Según otro estudio (*Coop y Kyriazakis, 2001*), en los pequeños rumiantes estas consecuencias negativas suelen verse compensadas por el impacto positivo de un rebaño libre de parásitos sobre la productividad y el beneficio económico.

Qué plantas utilizar para el control de parásitos

La fitoterapia es una aplicación profiláctica o terapéutica basada en la ciencia de plantas o compuestos bioactivos obtenidos de plantas para prevenir o curar enfermedades. Según un estudio, este enfoque puede dividirse en fitoterapia tradicional y alopática (*Hördegen, 2005*). La primera se basa en generaciones de prácticas transmitidas a través de tradiciones orales (algunas de las cuales se siguen utilizando hoy en día y han demostrado su eficacia gracias a la ciencia moderna). El enfoque alopático se basa en la verificación científica de las plantas antihelmínticas o de sus componentes bioactivos. Esta verificación también tiene en cuenta los posibles riesgos y efectos secundarios, como es el caso de la siguiente descripción de plantas con efectos antihelmínticos avalados por la ciencia.

Árboles y arbustos

Los árboles y arbustos se utilizan con especial frecuencia como tratamiento contra los parásitos. Por ejemplo, el sauce (Salix spp) tiene probados efectos antihelmínticos y acciones antiinflamatorias, que son beneficios adicionales a la hora de combatir infecciones parasitarias. Alimentar al ganado con hojas de sauce elimina los gusanos y las larvas de su organismo, mientras que la corteza puede ser eficaz contra las lombrices. Se puede preparar una decocción de la corteza y añadirla al agua del animal para obtener los máximos beneficios.

En algunas zonas, su amplia disponibilidad es una razón de peso para que los arbustos y árboles sean la solución más viable para las medidas antiparasitarias naturales. Por ejemplo, los pequeños rumiantes como las ovejas suelen pastar sobre una amplia gama de hierbas (incluidos árboles y arbustos), por lo que es probable que también se aficionen a las beneficiosas. Está demostrado que el aumento de la variedad de plantas que pueden pastar está correlacionado con una mayor resistencia de las ovejas a los nematodos parásitos (*Díaz Lira et al., 2005*).

Plantas herbáceas

Muchas y variadas plantas herbáceas se han utilizado contra las infecciones parasitarias y han demostrado su eficacia para reducir los efectos nocivos de la infestación parasitaria en el ganado. Uno de los antihelmínticos naturales más utilizados es el derivado de la planta llamada pie de ganso o lombriz americana (chenopodium ambrosioides). Los registros arqueológicos sugieren que el aceite derivado de esta planta se ha utilizado durante varios siglos. Por ejemplo, en el siglo XVIII, el botánico sueco Peter Kalm observó durante su visita a Norteamérica que los colonos europeos de las colonias americanas y los habitantes indígenas utilizaban el extracto de chenopodium para tratar las infecciones por ascaris (nematodos). Desde entonces se ha demostrado que el principal ingrediente de esta planta es el ascaridol, un terpeno que también se encuentra en muchas otras plantas herbáceas, que ahora se cultivan como pasto o se conservan para su posterior suplementación antihelmíntica. Muchas hierbas utilizadas como herbáceas tienen efectos antiparasitarios. Los estudios (*Eminov, 1982.*) descubrieron que muchas de estas plantas son eficaces contra las larvas de Trichostrongylus en las ovejas.

Según la antigua literatura romana, las plantas de la familia Asteraceae también se han utilizado para tratar infecciones parasitarias. Los romanos utilizaban flores secas, aún sin abrir, de la especie Artemisia para expulsar ascaris y tenias de animales y personas. El principio activo de estas plantas es la santonina, que los modernos estudios veterinarios y farmacológicos han investigado ampliamente. Por ejemplo, los investigadores descubrieron que la santonina tiene un efecto neurotóxico sobre los gusanos en bajas cantidades, dirigiéndose específicamente a los ganglios de sus anillos nerviosos (*Saunders Company, 1957*). El tanaceto común

(Tanacetum vulgare) también pertenece a la familia de las asteráceas. Conocida por su componente activo, la tuyona, esta planta es un antihelmíntico muy utilizado en el hemisferio norte.

Otras plantas de uso extendido contra los parásitos son las bayas y las hortalizas comunes pertenecientes a la familia de la cebolla (allium spp.), la familia de la col (brassica spp.) e incluso las zanahorias (Daucus carota). Asimismo, en las regiones tropicales, las semillas de pepino y calabaza se utilizan tradicionalmente para expulsar las tenias y larvas de los intestinos del huésped. Cuando la práctica se extendió a otras partes del mundo, los científicos demostraron que estas plantas contienen cucurbitina, un potente agente antiparasitario. Todavía se considera una de las medidas antiparasitarias más seguras en no rumiantes de todo el mundo.

Además de su uso generalizado para fumar, la planta del tabaco también se utilizaba para tratar las infestaciones de nematodos en las regiones tropicales. Las infusiones de tabaco eran una práctica habitual para mantener alejados a los parásitos del ganado rumiante hasta la aparición de los antihelmínticos sintéticos.

Plantas de pasto

Probablemente, la forma más eficaz de incorporar plantas para controlar las infecciones parasitarias sea el uso de cultivos especializados para el pastoreo. Debido a ello, este enfoque ha atraído mucha atención y es actualmente el centro de atención de investigadores de todo el mundo. Hasta ahora, los taninos más condensados entre las plantas de pasto se encontraban en las leguminosas. Por ejemplo, el loto mayor (lotus pedunculatus) está repleto de proantocianidinas, lo que se asocia con la reducción de la infestación por gusanos en corderos en pastoreo (*Niezen JH et al., 1985*). El quebracho tiene un efecto antihelmíntico igualmente potente y puede matar los nematodos adultos y sus larvas en varios tipos de ganado.

Líquenes y helechos

Una de las plantas más utilizadas en los planteamientos de las medidas antiparasitarias nórdicas tradicionales es un helecho llamado Dryopteris filix-mas. Además, los antiguos griegos también utilizaban esta planta (concretamente, un polvo hecho con su rizoma) contra las tenias. Al igual que este helecho, otros líquenes y helechos también contienen ácido silícico, que actúa como un potente agente antihelmíntico.

Compuestos vegetales

Además de utilizar plantas enteras o partes de plantas como hojas, semillas, etc., también puede utilizar compuestos que contengan ingredientes activos para tratar infecciones parasitarias. Por ejemplo, el ajo en polvo es un excelente antiparasitario y puede utilizarse como suplemento para el ganado. También se puede encontrar mostaza molida, hinojo, semillas de zanahoria, jengibre silvestre, pie de ganso y piretro en polvo o en aceite. El piretro (elaborado a partir de la flor del crisantemo) es el más eficaz en polvo. El aceite de neem es un potente insecticida extraído del árbol de neem indio y es otra excelente alternativa para los ectoparásitos.

Para aplicarlo externamente y eliminar los ectoparásitos, pase regularmente el polvo o el aceite por las zonas infestadas del animal hasta que desaparezcan los parásitos. La aplicación interna debe basarse en las recomendaciones del fabricante para cada compuesto.

Otro estudio (*Rahmann, G., & Seip, H., s.f.*) descubrió que las siguientes plantas son eficaces para curar y controlar las enfermedades endoparásitas del ganado:

- Achicoria (cichorium intybus)
- Trébol de los pies de pájaro (lotus corniculatus y lotus pedunculatus)
- Sulla (hedysarum coronarium)
- Esparceta (onobrychis viciifolia)
- Quebracho (schinopsis spp.)
- Socarillo (dorycnium pentaphyllum)
- Lespedeza china (lespedeza cuneata)
- Muérdago (rumex obtusifolius)
- Hojas de zarzo (acacia karroo)
- Brezo (calluna vulgaris)
- Castaño (fruto - Castanea sativa)
- Cornejo común (cornus sanguinea)
- Avellano (Corylus avellana)
- Erica (erica ssp)
- Pino (hojas - pinus sylvestris)
- Granada (Punica granatum)

- Roble (Quercus spp)
- Acacia negra (robinia pseudo acacia)
- Zarza (rubus fruticosus)
- Sauce (salix spp)
- Genista (hojas - sarothamnus scoparius)
- Semilla de uva (extracto - Vitis spp)

Programas de reproducción selectiva

Los programas de cría selectiva se basan en la capacidad inherente de los animales para resistir enfermedades a las que antes no estaban expuestos. Como huéspedes, estos animales pueden obstruir y alterar el ciclo vital del parásito y hacerse resistentes a las enfermedades que los parásitos transmiten o causan. La resistencia natural está codificada genéticamente, lo que significa que criando especímenes resistentes se puede aumentar el nivel de resistencia en la siguiente generación. La incorporación de este elemento genético al control de parásitos y enfermedades en la cría de animales tiene muchas ventajas. Crea un cambio permanente en el material genético del animal, garantizando la consistencia de la resistencia y eliminando la necesidad de medidas adicionales, lo que no ocurre con otros métodos naturales de control de parásitos que deben repetirse o complementarse con regularidad. Además, mediante la cría selectiva, se puede aumentar simultáneamente la resistencia a varias enfermedades.

La cría selectiva puede adoptar muchas formas, según los recursos disponibles y el tipo de parásitos. Algunas de las técnicas más populares para lograr este objetivo incluyen la selección de ejemplares con los mayores niveles de resistencia a parásitos y enfermedades específicos, la elección de las razas adecuadas en función del entorno y el uso de cruces para introducir genes en especies bien adaptadas en función de los resultados deseados.

El método conocido como "selección asistida por marcadores", que consiste en identificar los marcadores bioquímicos, morfológicos y genéticos (ADN o ARN) relacionados con el grado de resistencia a las enfermedades, se utiliza con frecuencia para elegir razas y ejemplares individuales. Dado que estos marcadores están asociados genéticamente a la característica, sirven como medio fiable para seleccionar los animales adecuados para la cría selectiva. Los marcadores tamizables están vinculados a genotipos fácilmente identificables, mientras que los marcadores seleccionables son más adecuados para eliminar genotipos particulares, normalmente no deseados. Dado que el ADN puede reproducirse in vitro y utilizarse al máximo, la selección asistida por marcadores ofrece un método rentable de cría selectiva, ya que permite evaluar muchos marcadores con una sola muestra purificada. De este modo, se reduce el precio del marcado y se seleccionan razas adecuadas para el procedimiento.

La detección de polimorfismos de nucleótido único es una técnica que puede utilizarse para identificar marcadores genéticos. Los códigos moleculares conocidos como marcadores ligados se encuentran muy cerca de los genes que codifican la resistencia. Por ejemplo, los rumiantes tienen una serie de marcadores fenotípicos (físicos) y genéticos que se sabe que están codificados en genes situados cerca de los que determinan la inmunidad a los parásitos gastrointestinales. Otra opción es utilizar el complejo mayor de histocompatibilidad (CMH), que contiene muchos genes polimórficos que determinan cómo reaccionan inmunológicamente los animales a las infecciones y los parásitos. Dos de las tres clases de MHC están relacionadas con la resistencia en rumiantes y pertenecen a la clase 2.

Definir qué rasgos medir en relación con la resistencia es otra cuestión crucial. Uno de los más populares es el recuento fecal de huevos (FEC), que es heredable, aunque su heredabilidad varía en función de la raza animal y la especie de parásito. La evaluación de la respuesta inmunitaria es otro rasgo útil para estos fines.

Según un estudio en el que se investigan los efectos de la manipulación genética mediante cría selectiva para mejorar la resistencia a los nematodos gastrointestinales en el ganado ovino (*Windon, R. G. 1990*), este planteamiento puede constituir una alternativa fiable al control químico de los parásitos. Este estudio se basó en la variación genética vinculada a la resistencia a los nematodos en el ganado ovino, junto con experimentos anteriores que demostraban la viabilidad de crear razas con un mayor nivel de resistencia. Los responsables del estudio también tuvieron en cuenta la inmunidad, por considerarla una de las principales causas de la resistencia de los animales hospedadores a los parásitos. Basándose en esto, también concluyeron que para que la cría selectiva actúe como medida de control contra la infestación parasitaria, deben ocurrir varias cosas:

- Debe existir un nivel de heredabilidad razonable para que el marcador seleccionado maximice la respuesta a la selección.

- El método debe ser rentable en comparación con otras medidas naturales y artificiales.

- Lo ideal es que la resistencia encontrada sea inespecífica, es decir, que actúe contra varios parásitos diferentes.

- La selección debe basarse en un rasgo vinculado que no requiera contacto con el parásito para identificar la resistencia.

- El proceso no debe afectar negativamente a la producción ganadera de la siguiente generación.

- La selección debe garantizar que, si se produce una adaptación del parásito a la resistencia del hospedador, ésta seguirá siendo controlable con otras medidas.

Aunque la cría selectiva puede ofrecer la ventaja de utilizar la variación incluida en la raza para mejorar la resistencia a los parásitos, la selección basada únicamente en este criterio puede tener efectos negativos. Por ejemplo, algunas razas o individuos utilizados para la cría selectiva podrían tener una alta resistencia, pero una baja ganancia de peso vivo. Junto con los beneficios del control de parásitos, estos últimos también se acentuarán en la siguiente generación, lo que provocará pérdidas económicas. Aunque la cría selectiva puede eliminar otros procedimientos naturales de control, como el manejo de los pastos, puede utilizarse dentro de un enfoque integrado para limitar las pérdidas de producción y minimizar los costes.

Uso del cobre

El sulfato y el óxido de cobre son sustancias naturales utilizadas a menudo como antiparasitarios. Cuando los rumiantes ingieren sulfato de cobre, éste permanece en su rumen, liberando trazas de partículas de cobre. Estas partículas minerales traza se interponen en las relaciones parásito-hospedador, perturbándolas y creando un entorno hostil para el parásito. Los estudios (*Bang et al., 1990*) descubrieron que la administración regular de compuestos de cobre conduce a una reducción razonable del número de parásitos para algunas especies de parásitos. Según otro estudio (*Burke et al., 2004*), la dosis óptima de compuestos de cobre para expulsar los gusanos parásitos de los corderos sin causar toxicidad es de 0,07 onzas por dosis. La aplicación más sencilla del sulfato u óxido de cobre es mezclarlo con el pienso o el agua de bebida de los animales. Se recomienda seguir las recomendaciones del fabricante para el compuesto específico de sulfato de cobre que se utilice.

Capítulo 8: Parásitos del ganado y cambio climático

Los cambios a largo plazo en las condiciones climáticas, las precipitaciones y la temperatura se deben al cambio climático, que también está modificando los patrones meteorológicos medios de la Tierra. Este problema está causado principalmente por gases de efecto invernadero como el dióxido de carbono (CO_2), el metano (CH_4) y el óxido nitroso (N_2O) que se liberan innecesariamente a la atmósfera como resultado de la actividad humana. El término "calentamiento global" se refiere al aumento constante de las temperaturas globales provocado por la capacidad de estos gases para retener el calor solar.

Las repercusiones globales del cambio climático van mucho más allá de las meras fluctuaciones de temperatura y están profundamente entrelazadas con la dinámica de los parásitos del ganado. A continuación, se examinan más de cerca los efectos globales críticos del cambio climático y su relación con los parásitos del ganado:

Aumento de las temperaturas

Este calentamiento influye en la distribución y supervivencia de una serie de parásitos del ganado

A medida que aumenta la temperatura global, también lo hace la temperatura ambiente en muchas regiones. Este calentamiento influye en la distribución y supervivencia de una serie de parásitos del ganado. Por ejemplo, algunos parásitos que antes no podían prosperar en zonas más frías pueden encontrar ahora estas regiones más adecuadas, exponiendo potencialmente al ganado a nuevas amenazas parasitarias.

Cambio de los regímenes de precipitaciones

Los patrones tradicionales de precipitaciones cambian durante los cambios climáticos, lo que provoca sequías más frecuentes y un aumento de las lluvias en algunas zonas. Estos cambios en la disponibilidad de humedad afectan a la supervivencia y propagación de los parásitos. Por ejemplo, los parásitos dependientes de la humedad pueden prosperar en regiones que experimentan más precipitaciones, mientras que las sequías disminuyen la disponibilidad de las fuentes de agua necesarias para el desarrollo del parásito. Durante las lluvias torrenciales y las inundaciones, la dispersión de parásitos transmitidos por insectos a través de mosquitos e insectos aumenta exponencialmente.

Biodiversidad y alteraciones del ecosistema

Los cambios en el clima alteran el ecosistema, modificando la distribución de la fauna salvaje y sus parásitos. A medida que se producen estos cambios, el ganado puede verse expuesto a nuevos insectos de parásitos o huéspedes reservorio. Comprender estos cambios y recopilar la información pertinente es crucial para una gestión eficaz de los parásitos.

Recursos hídricos y alimentarios

Los cambios en los patrones climáticos conllevan cambios en la disponibilidad de agua y alimentos para el ganado. Por ejemplo, en épocas de sequía, el agua escasea y el suministro de alimentos es limitado, lo que puede debilitar el sistema inmunitario y hacer que el ganado sea susceptible a las infecciones parasitarias. Asimismo, las zonas extremadamente húmedas con precipitaciones persistentes favorecen directamente la dispersión de parásitos.

Riesgos para la salud

El aumento de las temperaturas asociado al cambio climático puede influir en la actividad y distribución de los insectos de enfermedades, que portan parásitos y transmiten enfermedades al ser humano y al ganado. Por ejemplo, las regiones propicias para la expansión de insectos portadores de enfermedades aumentan el riesgo de que los parásitos transmitidos por insectos afecten al ganado.

Consecuencias económicas y para los medios de subsistencia

El cambio climático también provoca pérdidas económicas en la industria ganadera debido a la reducción de la productividad, el aumento de los costes de gestión para el control de parásitos y el incremento de los gastos veterinarios. Estas consecuencias económicas tienen un impacto en cascada sobre los medios de subsistencia de las personas y comunidades que dependen del ganado para obtener ingresos y sustento.

Migración y conflictos

A medida que el cambio climático hace menos habitables ciertas regiones, provoca desplazamientos de población, incluido el ganado. El ganado desplazado podría llevar parásitos a nuevas zonas, introduciendo potencialmente nuevos retos parasitarios.

Aunque estos desafíos pueden convertirse en una molestia si no se tratan adecuadamente, la mayoría de los factores que potencialmente aumentan la incidencia de infecciones parasitarias en el ganado pueden evitarse mediante la aplicación de protocolos estrictos de cuarentena y vigilancia.

Los efectos globales del cambio climático están estrechamente relacionados con la dinámica de los parásitos del ganado. La temperatura, las precipitaciones y los fenómenos meteorológicos extremos influyen en la prevalencia y distribución de estos parásitos. Como ya se ha explicado, abordar la salud y la productividad del ganado en un clima cambiante requiere una comprensión exhaustiva de estas interconexiones y la aplicación de estrategias de adaptación y mitigación para una gestión eficaz de los parásitos.

Influencias del ciclo vital de los parásitos

Como ya sabe, la temperatura, la humedad y las precipitaciones afectan a la supervivencia, el desarrollo y la transmisión de los parásitos, lo que en última instancia repercute en la salud y la productividad del ganado. A continuación, se explica cómo estos factores pueden influir en los ciclos vitales de distintos parásitos.

Temperatura

Las temperaturas más cálidas aceleran el desarrollo de muchos parásitos. Por ejemplo, los nematodos gastrointestinales como Haemonchus contortus en el ganado ovino y bovino prosperan en condiciones cálidas y húmedas. Estos nematodos pueden completar rápidamente su ciclo vital en climas cálidos, lo que provoca infecciones más frecuentes.

En cambio, las temperaturas frías pueden ralentizar o detener el desarrollo de algunos parásitos. La fasciola hepática, que infecta el hígado del ganado vacuno y ovino, es menos activa en condiciones frías. En consecuencia, su transmisión se reduce en climas fríos.

Humedad

La humedad elevada crea condiciones favorables para la supervivencia de muchos parásitos externos. El ácaro rojo de las aves de corral (dermanyssus gallinae) es un ectoparásito hematófago que infecta a los pollos. Como una humedad elevada es esencial para la supervivencia del ácaro, provoca infestaciones en los gallineros, causando estrés y reduciendo la producción de huevos.

Por otro lado, la baja humedad puede desecar y matar a ciertos parásitos. Por ejemplo, los huevos y larvas de algunos nematodos gastrointestinales son sensibles a la desecación. En las regiones áridas con baja humedad, se registra una transmisión limitada de estos parásitos, lo que confirma aún más los efectos de la humedad sobre los parásitos.

Precipitaciones

El aumento de las precipitaciones crea lugares de cría para los parásitos y sus insectos. A la mosca de los establos (stomoxys calcitrans), que se alimenta de la sangre del ganado, le encanta la materia orgánica húmeda y en descomposición para criar. A la inversa, la sequía puede reducir la disponibilidad de fuentes de agua, lo que afecta al comportamiento del ganado a la hora de beber y aumenta potencialmente el riesgo de parásitos transmitidos por el agua. Por ejemplo, los parásitos hepáticos necesitan un caracol de agua dulce como huésped intermediario. En condiciones de sequía, estos caracoles de agua dulce no sobreviven, lo que interrumpe el ciclo de vida del trematodo y limita las posibilidades de desarrollar infecciones parasitarias transmitidas por el agua.

Entre las medidas específicas de control de parásitos que puede adoptar se incluyen el ajuste de los calendarios de desparasitación, la aplicación de medidas de control de insectos y la provisión de refugios y prácticas de gestión adecuadas para mitigar el impacto de los factores medioambientales sobre la transmisión de parásitos y la salud del ganado.

Parásitos dependientes de la temperatura

Aunque ya se ha mencionado, es un cambio evidente que influye en la distribución de los parásitos. Las temperaturas más cálidas asociadas al cambio climático permiten el desplazamiento de los parásitos sensibles a la temperatura a altitudes y latitudes más elevadas. Por ejemplo, los parásitos que antes se limitaban a elevaciones más bajas pueden encontrar ahora el clima adecuado para sobrevivir y reproducirse a mayor altitud.

El parásito de la fasciola hepática, que afectaba principalmente a las tierras bajas, se ha detectado en altitudes y latitudes más altas a medida que han aumentado las temperaturas.

La propagación de garrapatas portadoras de la enfermedad de Lyme (Ixodes scapularis) a regiones más septentrionales de Norteamérica a medida que han aumentado las temperaturas.

Alteración de los ecosistemas y distribución de los hospedadores

La actividad humana, la pérdida de hábitats y los cambios en el uso del suelo pueden alterar los ecosistemas y afectar a la distribución de los parásitos. La pérdida de hábitats naturales altera los equilibrios ecológicos, lo que provoca modificaciones en las poblaciones de hospedadores y, en consecuencia, afecta a los parásitos.

- La deforestación aumenta el contacto entre el hombre y la fauna salvaje, lo que puede transmitir parásitos zoonóticos de la fauna salvaje al hombre.
- Los cambios en las prácticas agrícolas pueden provocar cambios en las poblaciones ganaderas, lo que puede influir en la distribución de los parásitos del ganado.

Especies invasoras y comercio

El movimiento global de animales y mercancías puede introducir nuevas especies huésped y sus parásitos asociados en nuevas regiones.

- La introducción de especies invasoras como el mosquito tigre asiático (Aedes albopictus) en nuevas regiones ha aumentado el riesgo de enfermedades como el dengue y el chikungunya en zonas que antes no estaban afectadas.
- El comercio internacional de ganado puede introducir parásitos que antes no se encontraban en una región, lo que repercute en el panorama parasitario local.

Actividades humanas e infraestructuras

Las zonas urbanas crean microclimas y condiciones ambientales propicias para ciertos parásitos y sus insectos. La contaminación y la presencia de fuentes de agua creadas por el hombre pueden proporcionar lugares de cría para los insectos de enfermedades, provocando ajustes en la distribución de los parásitos, por ejemplo:

- La proliferación de mosquitos culex en entornos urbanos contribuyó a la propagación del virus del Nilo Occidental.
- El aumento de la distribución de enfermedades transmitidas por caracoles en zonas con fuentes de agua contaminadas.

Veterinarios, funcionarios de salud pública y ecologistas deben vigilar y adaptarse a estos cambios para prevenir la propagación de enfermedades y mitigar su impacto en la salud humana y animal. Esto puede implicar la modificación de los protocolos de vacunación, la aplicación de medidas de control de insectos y la mejora de las capacidades de vigilancia y diagnóstico para gestionar eficazmente los cambiantes paisajes parasitarios.

Infecciones parasitarias emergentes

Las enfermedades parasitarias emergentes han aparecido recientemente o han aumentado significativamente su incidencia, área de distribución geográfica o gama de hospedadores. Debido a diversos factores, estas enfermedades plantean problemas de identificación y gestión.

Leishmaniasis

La leishmaniasis está causada por parásitos protozoarios del género leishmania y se transmite por picaduras de flebótomos. Esta enfermedad ha mostrado signos de emergencia en nuevas regiones, posiblemente debido al cambio climático y a la migración humana.

La leishmaniasis puede manifestarse de diversas formas clínicas, como cutánea, visceral y mucocutánea. La diversidad de su presentación clínica puede dificultar el diagnóstico. Sus síntomas pueden solaparse con los de otras enfermedades, lo que lleva a diagnósticos erróneos y retrasos en el tratamiento. El acceso a herramientas diagnósticas precisas es limitado en las regiones con recursos limitados, lo que dificulta el diagnóstico y el tratamiento oportunos.

Enfermedad de Chagas

La enfermedad de Chagas está causada por el parásito Trypanosoma cruzi y se transmite principalmente por triatominos. Se ha extendido más allá de sus fronteras tradicionales en América Latina. La enfermedad de Chagas suele permanecer asintomática durante años, lo que dificulta su diagnóstico precoz. Las pruebas de diagnóstico de la enfermedad de Chagas pueden tener una sensibilidad y especificidad limitadas, lo que da lugar a falsos negativos. La plaga de triatominos es compleja y requiere esfuerzos sostenidos para controlar el vector de la enfermedad.

Toxoplasmosis

La toxoplasmosis, causada por el parásito Toxoplasma gondii, ha sido reconocida como una enfermedad emergente en algunas regiones. Muchas infecciones permanecen asintomáticas, lo que dificulta su identificación y tratamiento. T. gondii puede infectar a muchos animales, lo que complica su control y prevención. El cribado sistemático de la toxoplasmosis durante el embarazo no se realiza de forma universal, por lo que es posible que no se detecten casos en mujeres embarazadas.

Angiostrongiliasis

La Angiostrongiliasis, causada por el nematodo parásito Angiostrongylus cantonensis, también ha aparecido en nuevas regiones. Falta de concienciación: Muchos profesionales sanitarios necesitan familiarizarse con la enfermedad. La falta de experiencia con ella da lugar a diagnósticos erróneos o retrasados. Las manifestaciones clínicas pueden ir desde leves dolores de cabeza y náuseas hasta graves complicaciones neurológicas, lo que dificulta el diagnóstico. No existen fármacos antiparasitarios específicos para la Angiostrongiliasis, y el tratamiento es principalmente de apoyo.

Babesiosis

La babesiosis está causada por parásitos intraeritrocíticos del género babesia y se transmite por la picadura de garrapatas. Han aparecido casos en nuevas regiones. La babesiosis imita los síntomas del paludismo, lo que lleva a diagnósticos erróneos. La enfermedad puede presentar desde síntomas leves parecidos a los de la gripe hasta cuadros graves potencialmente mortales, por lo que es difícil predecir los resultados de la enfermedad. Algunas especies de babesia tienen potencial zoonótico, lo que complica la comprensión de la dinámica de la enfermedad.

Dirofilariasis

La dirofilariosis está causada por nematodos filáricos, en particular la Dirofilaria immitis, y se transmite por mosquitos. La enfermedad se ha extendido a nuevas regiones. Muchos individuos infectados permanecen asintomáticos, por lo que la enfermedad puede descubrirse sólo de forma incidental.

La alteración de las condiciones climáticas ha ampliado el hábitat de los insectos de la enfermedad, aumentando el riesgo de transmisión a humanos y animales domésticos. La dirofilariosis puede diagnosticarse erróneamente como otras afecciones respiratorias debido a sus diversas manifestaciones clínicas.

Desafíos en la identificación y gestión de enfermedades parasitarias emergentes

- **Limitaciones diagnósticas**: Muchas enfermedades parasitarias emergentes se presentan con síntomas diversos o inespecíficos, y las herramientas de diagnóstico pueden carecer de sensibilidad y especificidad.

- **Globalización y viajes**: El aumento de los viajes y el comercio mundial facilitan el movimiento de parásitos e insectos de enfermedades a través de las fronteras.

- **Enfermedades transmitidas por insectos:** El control de los parásitos transmitidos por insectos (por ejemplo, mosquitos, garrapatas) puede ser un reto, especialmente cuando los insectos se adaptan a nuevos entornos.

- **Cambios ambientales:** Las alteraciones en los ecosistemas, incluido el cambio climático, pueden afectar la distribución y la dinámica de transmisión de los parásitos.

- **Resistencia a los medicamentos:** La aparición de cepas resistentes a los medicamentos puede limitar las opciones de tratamiento y aumentar la dificultad del manejo de la enfermedad.

- **Transmisión zoonótica:** Muchas enfermedades parasitarias emergentes son zoonóticas, lo que crea patrones epidemiológicos complejos y desafíos para el control de enfermedades.

- **Conciencia limitada:** Los proveedores de atención médica, los sistemas de salud pública y las comunidades pueden carecer de conciencia sobre estas enfermedades emergentes, lo que lleva a un retraso en el reconocimiento y la respuesta.

Para abordar estos desafíos se requiere un enfoque multifacético que incluya una mejor vigilancia, investigación, herramientas de diagnóstico y educación en salud pública. Es fundamental permanecer alerta y adaptarse a estas enfermedades parasitarias emergentes para evitar su mayor propagación y mitigar su impacto en la salud humana y animal.

Estrategias ecológicas

Adaptarse a los cambios en la dinámica de los parásitos impulsados por el clima es fundamental para mantener la salud del ganado y garantizar la resiliencia de los sistemas agrícolas. A medida que el cambio climático altera los patrones de temperatura y precipitación, los parásitos que afectan al ganado están cambiando en distribución, intensidad y estacionalidad. Se puede emplear una variedad de estrategias para abordar estos desafíos, cada una diseñada para mitigar los riesgos asociados con la evolución de la dinámica de los parásitos. Estas estrategias abarcan monitoreo y vigilancia, reproducción y genética, manejo de pastos y pastoreo, prácticas de desparasitación, bioseguridad, nutrición, forrajes resistentes a parásitos y más. Esta descripción general completa explora cada una de estas estrategias en detalle.

Monitoreo y vigilancia mejorados

- **Evaluación periódica:** Los programas consistentes de monitoreo y vigilancia son fundamentales. Recolectar periódicamente muestras y datos para evaluar la prevalencia e intensidad de las infecciones parasitarias en las poblaciones de ganado.

- **Herramientas de diagnóstico avanzadas:** Utilice técnicas de diagnóstico avanzadas, como pruebas basadas en PCR y ensayos serológicos. Estas herramientas ofrecen una mayor sensibilidad y especificidad en la detección de infecciones parasitarias, lo que permite un diagnóstico más preciso y temprano.

Crianza resiliente al clima

- **Cría selectiva:** Seleccione razas de ganado que muestren resiliencia a los factores estresantes relacionados con el clima y las infecciones parasitarias. La cría para la resiliencia mejora la salud general y la productividad del ganado.

- **Rasgos de resistencia:** Incluya rasgos de resistencia en sus objetivos de reproducción. Estos rasgos pueden reducir la dependencia de tratamientos químicos y los riesgos asociados de resistencia a los medicamentos.

Manejo del pastoreo

- **Pastoreo rotacional:** Implementar prácticas de pastoreo rotacional para optimizar la salud de los pastos y minimizar la contaminación por parásitos. El traslado regular del ganado a nuevos pastos puede interrumpir el ciclo de vida del parásito.

- **Horarios adaptados:** Ajustar los horarios de pastoreo y las tasas de carga ganadera en función de los cambios impulsados por el clima en la disponibilidad de forraje y el riesgo de parásitos. Este enfoque adaptativo reduce el riesgo de sobrepastoreo y degradación de los pastos.

Desparasitación Estratégica

- **Toma de decisiones informada:** Desarrolle estrategias de desparasitación basadas en los datos que ha recopilado durante el seguimiento de sus programas y las condiciones ambientales. Evite la desparasitación rutinaria y, en su lugar, adopte enfoques específicos.

- **Reducción del uso excesivo:** Reducir la desparasitación innecesaria ayuda a mitigar el riesgo de desarrollar resistencia a los medicamentos en las poblaciones de parásitos. Desparasitar sólo cuando lo indiquen los resultados del seguimiento.

Medidas de bioseguridad

- **Prevención de la introducción:** Establecer medidas estrictas de bioseguridad para evitar la introducción de nuevas cepas o especies de parásitos a través de los movimientos de animales. La bioseguridad efectiva incluye protocolos de cuarentena para los animales entrantes.

- **Aislamiento y cuarentena:** Aislar y poner en cuarentena a los animales recién introducidos para evitar la propagación de parásitos. Esta práctica minimiza el riesgo de transmisión de enfermedades dentro del rebaño.

Manejo Nutricional

- **Adaptaciones dietéticas:** Ajustar las dietas del ganado para abordar las deficiencias nutricionales inducidas por el clima y apoyar el sistema inmunológico. Una nutrición equilibrada ayuda a los animales a afrontar los factores estresantes asociados con las infecciones parasitarias.

- **Nutrición suplementaria:** Para mantener la salud y la resiliencia del ganado, proporcione nutrición suplementaria durante los períodos de disponibilidad reducida de forraje, como durante las sequías.

- **Selección de forrajes:** Seleccionar y plantar variedades de forrajes que resistan naturalmente ciertos parásitos. Estos forrajes pueden contener compuestos que reducen la incidencia de infecciones parasitarias en el ganado.

Tratamientos alternativos y preventivos

- **Exploración de alternativas:** Explore tratamientos alternativos y preventivos, como remedios a base de hierbas o agentes de control biológico. Estas opciones pueden complementar o reemplazar los tratamientos químicos tradicionales.

- **Vacunas parasitarias:** Considere el uso de vacunas parasitarias cuando estén disponibles y sean apropiadas para los parásitos específicos que afectan al ganado.

- **Plantas antiparasitarias:** Ciertas especies de plantas contienen compuestos secundarios con propiedades antiparasitarias. Por ejemplo, algunas plantas forrajeras ricas en taninos pueden inhibir el desarrollo de parásitos en el intestino.

- **Control de parásitos:** Alentar al ganado a consumir estas plantas antiparasitarias puede reducir la exposición a los parásitos y disminuir la necesidad de tratamientos químicos.

Manejo Integrado de Plagas (MIP)

- **Enfoque holístico:** Implementar un enfoque de manejo integrado de plagas (MIP) que combine varias estrategias, incluidos métodos de control biológico (por ejemplo, hongos nematófagos), tratamientos químicos específicos y pastoreo rotacional.

- **Consideraciones ambientales:** Priorizar las prácticas de MIP que minimicen los impactos ambientales y preserven los organismos beneficiosos mientras controlan las poblaciones de parásitos.

Investigación e innovación

- **Investigación científica:** Invertir en investigación para comprender los impactos específicos del cambio climático en la dinámica de los parásitos locales. La investigación puede informar las estrategias de adaptación y mejorar su eficacia.

- **Soluciones innovadoras:** Promover soluciones innovadoras como el desarrollo de razas de ganado resistentes al clima y métodos de tratamiento novedosos que tengan en cuenta las condiciones ambientales cambiantes.

Colaboración e intercambio de conocimientos

- **Colaboración de las partes interesadas:** Colaborar con servicios de extensión agrícola locales, universidades e instituciones de investigación para acceder a la información más reciente sobre el manejo de parásitos en un clima cambiante.

- **Intercambio entre pares:** Compartir conocimientos y experiencias con otros productores ganaderos e investigadores para beneficiarse de la sabiduría colectiva y las mejores prácticas en el manejo de parásitos.

Infraestructura resiliente al clima

- **Alojamiento para el ganado:** Adaptar los alojamientos y la infraestructura para el ganado para hacer frente a fenómenos meteorológicos extremos y fluctuaciones de temperatura. Asegúrese de que los animales tengan acceso a sombra y ventilación adecuada durante las olas de calor y otros factores estresantes relacionados con el clima.

Diversificación de especies ganaderas

- **Variación de especies:** Considere diversificar las especies de ganado para adaptarse a las condiciones cambiantes. Algunas especies pueden ser más resistentes a ciertos parásitos o mejor adaptadas a condiciones ambientales alteradas, lo que reduce el riesgo asociado con la agricultura monoespecífica.

- **Concientización:** Desarrollar conciencia sobre prácticas sostenibles y resilientes al clima y al mismo tiempo abogar por su adopción entre las partes interesadas y la comunidad agrícola en general.

Mitigación del estrés por calor

El aumento de las temperaturas debido al cambio climático puede someter al ganado a estrés por calor, lo que debilita su sistema inmunológico, haciéndolo más susceptible a las infecciones parasitarias. Para mitigar el estrés por calor, asegúrese de que el ganado pueda acceder a la sombra, como una cubierta arbórea natural o refugios especialmente diseñados. Una ventilación adecuada es fundamental para evitar el sobrecalentamiento. No obstante, brindar acceso a fuentes de agua limpia y fresca ayuda a mantener la hidratación y regular la temperatura corporal.

Resistencia genética

- **Crianza para la resistencia:** La resistencia genética consiste en criar selectivamente ganado para lograr inmunidad inherente o resistencia a parásitos específicos.

- **Programas de cría selectiva:** Se pueden establecer programas de cría para desarrollar ganado con rasgos de resistencia natural. Por ejemplo, seleccionar animales con recuentos de glóbulos rojos más altos puede reducir la susceptibilidad a parásitos que se alimentan de sangre como el Haemonchus contortus.

- **Control sostenible de parásitos:** La resistencia genética puede complementar otras estrategias de control de parásitos y reducir la dependencia de tratamientos químicos.

El mejoramiento del suelo

- **Conexión suelo-forraje-parásitos:** La salud del suelo influye directamente en la calidad y cantidad del forraje, lo que, a su vez, afecta los patrones de pastoreo del ganado y la susceptibilidad a las infecciones parasitarias.

- **Resiembra y enmiendas del suelo:** Prácticas como la resiembra de pastos con forrajes ricos en nutrientes y enmiendas del suelo pueden mejorar la salud del suelo y la calidad del forraje. Los suelos saludables promueven el crecimiento de forrajes nutritivos que apoyan la salud y la resiliencia del ganado.

- **Reducción de la exposición a parásitos:** El forraje de alta calidad ayuda a reducir el riesgo de infecciones parasitarias al proporcionar nutrientes esenciales y favorecer el bienestar del ganado.

Teledetección y SIG

- **Datos ambientales:** Las tecnologías de teledetección, incluidas las imágenes satelitales y los drones, pueden proporcionar datos ambientales detallados.

- **Análisis Geoespacial:** Los Sistemas de Información Geográfica (SIG) se utilizan para integrar datos climáticos, calidad del suelo y cobertura vegetal. Este tipo de análisis puede predecir el riesgo de enfermedades y ayudarle a planificar estrategias de pastoreo basadas en datos climáticos.

La integración de datos climáticos y ambientales en las decisiones de gestión ganadera permite adoptar enfoques informados y basados en datos que reducen el riesgo de infecciones parasitarias.

Gestión estacional

- **Adaptación a los cambios climáticos:** El cambio climático provoca cambios estacionales, lo que afecta la disponibilidad de forraje y la dinámica de los parásitos.

- **Reproducción y destete:** Adaptar los cronogramas de reproducción y destete del ganado para alinearlos con los cambios impulsados por el clima. Esto puede ayudar a optimizar la salud y el bienestar de los animales en función del momento de disponibilidad de forraje y el riesgo de parásitos.

La flexibilidad en las prácticas de gestión es crucial para adaptarse a los patrones estacionales cambiantes y los desafíos asociados.

Refugios para ganado resilientes al clima

- **Protección contra condiciones climáticas extremas:** Los refugios para ganado resistentes al clima están diseñados para proteger a los animales de eventos climáticos extremos, como huracanes, fuertes lluvias y temperaturas extremas.

- **Reducción del estrés:** Un refugio adecuado puede reducir el estrés que experimenta el ganado durante condiciones climáticas adversas. La reducción del estrés apoya el sistema inmunológico y disminuye la susceptibilidad a las infecciones parasitarias.

El diseño de los refugios debe considerar las condiciones climáticas locales y las necesidades específicas de las especies de ganado que se albergarán.

Estas estrategias integrales de adaptación abordan los desafíos multifacéticos que plantean los cambios impulsados por el clima en la dinámica de los parásitos. Combinados, pueden contribuir a la salud y la sostenibilidad a largo plazo de los sistemas ganaderos en un clima cambiante. La colaboración entre las partes interesadas y la investigación en curso son vitales para adaptar estas estrategias a regiones específicas y garantizar su eficacia.

Glosario de términos y referencia de parásitos

Glosario A – Z

- **Inmunidad adquirida:** La inmunidad adquirida se refiere a la capacidad del sistema inmunológico para reconocer y recordar patógenos específicos, como parásitos, después de una exposición inicial. Este reconocimiento permite que el sistema inmunológico responda de manera más efectiva en encuentros posteriores con el mismo patógeno.

- **Adaptación:** En el contexto del control natural de los parásitos, la adaptación se refiere al proceso evolutivo a través del cual los parásitos y sus huéspedes desarrollan rasgos y comportamientos específicos que les ayudan a sobrevivir y reproducirse en sus respectivos entornos. Los parásitos pueden adaptarse para explotar los recursos del huésped o evadir el sistema inmunológico del huésped, mientras que los huéspedes pueden desarrollar respuestas adaptativas para resistir la infección parasitaria. Este proceso de adaptación continuo a menudo conduce a una coevolución entre los parásitos y sus huéspedes.

- **Coevolución antagonista:** La coevolución antagonista es una relación evolutiva dinámica entre los parásitos y sus huéspedes en la que cada uno ejerce una presión selectiva sobre el otro. Los parásitos desarrollan estrategias para explotar a los huéspedes, mientras que los huéspedes desarrollan defensas para resistir o tolerar la infección del parásito. Esta constante competencia de ida y vuelta impulsa el desarrollo de nuevos rasgos y contramedidas tanto en los parásitos como en los huéspedes, lo que resulta en una carrera armamentista evolutiva.

- **Compuestos antiparasitarios:** Los compuestos antiparasitarios son sustancias, a menudo químicas o biológicas, que se utilizan para atacar y eliminar las infecciones parasitarias. Estos compuestos pueden incluir medicamentos, como antiparasitarios o remedios a base de hierbas, diseñados para matar o inhibir el crecimiento de los parásitos. Son cruciales para el tratamiento y control de enfermedades parasitarias tanto en humanos como en animales.

- **Medicamentos antiparasitarios:** Los medicamentos antiparasitarios son sustancias farmacéuticas formuladas específicamente para tratar infecciones parasitarias en humanos y animales. Estos medicamentos pueden atacar varios tipos de parásitos, incluidos protozoos, helmintos (gusanos) y ectoparásitos como garrapatas y pulgas. Actúan alterando los ciclos de vida, el metabolismo o los procesos reproductivos de los parásitos, lo que en última instancia conduce a su eliminación del cuerpo del huésped.

- **Fiebre conductual:** La fiebre conductual es un fenómeno observado en algunas especies hospedadoras como respuesta a una infección parasitaria. Cuando los huéspedes son infectados por ciertos parásitos, pueden presentar un aumento de la temperatura corporal como respuesta conductual deliberada para combatir la infección. Esta temperatura elevada puede crear un ambiente menos propicio para la supervivencia y reproducción del parásito, contribuyendo a los mecanismos de defensa del huésped.

- **Control biológico:** El control biológico es un método de manejo de plagas que implica el uso de enemigos naturales, como avispas parasitoides, depredadores o patógenos, para regular las poblaciones de especies de plagas. En el contexto del control natural de parásitos, el control biológico se refiere al uso de un parásito u organismo para controlar otro, a menudo para reducir el impacto de parásitos dañinos en los ecosistemas o la agricultura.

- **Coevolución:** La coevolución es la evolución simultánea y recíproca de dos o más especies que interactúan estrechamente entre sí, como los parásitos y sus huéspedes. En este proceso, cada especie ejerce presión selectiva sobre la otra, desarrollando características y adaptaciones que les permiten explotarse o defenderse unas de otras.

- **Comensalismo:** El comensalismo es un tipo de interacción simbiótica en la que la relación entre dos especies beneficia a una de las especies y causa poco o ningún daño o ventaja a la otra. Cuando se habla de interacciones que resultan en que un organismo resida en un huésped sin dañarlo ni beneficiarse de él de una manera que reduzca la población de parásitos dañinos, se puede usar el término "comensalismo" en relación con el control natural de los parásitos.

- **Ectoparásito**: Un ectoparásito es un tipo de parásito que vive en la superficie externa de su huésped. Estos parásitos se alimentan de la sangre, la piel u otros fluidos corporales del huésped. Ejemplos de ectoparásitos incluyen garrapatas, pulgas, piojos y ciertos ácaros.

- **Ecoepidemiología:** La ecoepidemiología es un campo de estudio que examina los factores ecológicos y epidemiológicos que influyen en la transmisión y propagación de enfermedades infecciosas, incluidas las causadas por parásitos.

- **Endoparásito:** Un endoparásito es un parásito que vive dentro del cuerpo de su huésped. Estos parásitos pueden habitar en varios órganos o tejidos internos y alimentarse de la sangre, los tejidos o los fluidos corporales del huésped. Ejemplos de endoparásitos incluyen tenias, trematodos hepáticos y algunos parásitos protozoarios.

- **Hongos entomopatógenos:** Los hongos entomopatógenos son un grupo de hongos que son patógenos para los insectos. Infectan y matan a varias especies de insectos y, a menudo, se utilizan como agentes de control biológico para controlar las plagas de insectos.

- **Huésped:** En el contexto del parasitismo, el huésped es el organismo que alberga y proporciona recursos al parásito. Los huéspedes pueden ser plantas, animales o incluso microorganismos y pueden experimentar daños o efectos negativos debido a la presencia del parásito.

- **Hiperparasitismo:** El hiperparasitismo es una forma de parasitismo en la que un parásito es parasitado por otro. En esta relación, el parásito primario, que ya vive dentro o sobre un huésped, se convierte en el huésped de un parásito secundario. Este parásito secundario puede apuntar al parásito primario para obtener recursos o reproducirse.

- **Respuesta inmune:** La respuesta inmune es el conjunto colectivo de mecanismos fisiológicos y bioquímicos que los organismos, incluidos los huéspedes, utilizan para defenderse de invasores extraños, como los parásitos. Cuando un parásito infecta a un huésped, el sistema inmunológico del huésped inicia una respuesta para reconocer, neutralizar y eliminar al parásito. La naturaleza de la respuesta inmune varía según el tipo de parásito y la especie huésped.

- **Inmunoparasitología:** La inmunoparasitología es una rama de la parasitología que se centra en el estudio de las respuestas inmunitarias del huésped a las infecciones parasitarias. Investiga cómo los huéspedes reconocen y combaten a los invasores parásitos, el desarrollo de la memoria inmune y los mecanismos subyacentes a la resistencia o susceptibilidad a las enfermedades parasitarias.

- **Manejo integrado de plagas:** El manejo integrado de plagas (MIP) es un enfoque ecológico de control de plagas y parásitos. Implica el uso de múltiples estrategias, incluido el control biológico, prácticas culturales y tratamientos químicos, para controlar plagas y parásitos en la agricultura, la horticultura y la silvicultura, minimizando al mismo tiempo el impacto ambiental.

- **Huésped intermedio:** Un huésped intermedio es una especie de huésped que utiliza un parásito para completar una etapa de su ciclo de vida, pero no la fase sexual. Los parásitos a menudo requieren múltiples huéspedes en su ciclo de vida, y el huésped intermedio sirve como etapa de transición para el desarrollo del parásito antes de alcanzar el huésped definitivo para la reproducción.

- **Microbioma:** El microbioma es la comunidad de microorganismos, incluidas bacterias, hongos, virus y otros microbios, que habitan el cuerpo de un organismo huésped.

Estos microorganismos pueden desempeñar un papel crucial en las interacciones huésped-parásito al influir en la respuesta inmune y la salud general del huésped. Comprender el microbioma es esencial para estudiar el control natural de los parásitos.

- **Mutualismo:** El mutualismo es un tipo de relación simbiótica entre dos especies en la que ambos socios se benefician de la asociación. En el contexto del control de parásitos, pueden ocurrir interacciones mutualistas cuando un organismo, como un microbio, ayuda al huésped a resistir o tolerar infecciones parasitarias, lo que conduce a un resultado mutuamente beneficioso para ambas partes.

- **Manipulación de parásitos:** La manipulación de parásitos es un fenómeno en el que los parásitos, a través de diversos mecanismos, alteran el comportamiento o la fisiología de sus organismos huéspedes para promover su propia supervivencia y reproducción. Esto puede incluir cambios en el comportamiento del huésped que beneficien al parásito, como un mayor riesgo de depredación, lo que en última instancia ayuda al parásito a completar su ciclo de vida.

- **Parasitismo:** El parasitismo es un tipo de relación simbiótica en la que un organismo (el parásito) se beneficia a expensas de otro organismo (el huésped). Los parásitos obtienen recursos del huésped, lo que potencialmente causa daño o reduce la aptitud del huésped. El parasitismo es un concepto fundamental en el estudio del control parasitario natural.

- **Foresia:** La foresia es un tipo de comensalismo en el que un organismo utiliza otro organismo como medio de transporte a una nueva ubicación. En el contexto del control de parásitos naturales, la foresia puede involucrar parásitos u organismos que se adhieren a un huésped y lo utilizan para dispersarse a nuevos entornos.

- **Depredación:** Es una interacción biológica en la que un organismo (el depredador) captura, mata y consume a otro organismo (la presa) como alimento. La depredación puede desempeñar un papel en el control de las poblaciones de organismos, incluidos los parásitos, dentro de los ecosistemas.

- **Nematodos depredadores:** Son gusanos redondos microscópicos que se alimentan de otros organismos, incluidos los nematodos parásitos dañinos. Se utilizan en control biológico para controlar nematodos parásitos que afectan a plantas, animales y humanos. Los nematodos depredadores ayudan a reducir la población de parásitos dañinos al aprovecharse de ellos.

- **Huésped reservorio:** Un huésped reservorio es una especie huésped que transporta y mantiene un parásito, que a menudo sirve como fuente de infección para otros huéspedes, incluidos los humanos. Los huéspedes reservorio pueden ser importantes en la epidemiología de las enfermedades parasitarias, ya que desempeñan un papel en la persistencia y transmisión del parásito.

- **Simbiosis:** Simbiosis es un término ecológico amplio que se refiere a la interacción entre dos especies diferentes que viven juntas en estrecha proximidad. En el contexto del control de parásitos, las relaciones simbióticas pueden incluir mutualismo, comensalismo y parasitismo, dependiendo de los efectos y beneficios de las especies involucradas.

- **Transmisión:** La transmisión se refiere al proceso de pasar parásitos de un huésped a otro. Esto puede ocurrir a través de varios medios, como contacto directo, ingestión o transmisión mediada por vectores. Comprender los mecanismos de transmisión es esencial para controlar las infecciones parasitarias.

- **Cascada Trófica:** Una cascada trófica es un fenómeno ecológico en el que los cambios en la abundancia o el comportamiento de una especie en un ecosistema dan como resultado efectos en cascada sobre otras especies en diferentes niveles tróficos. En el contexto del control natural de los parásitos, las cascadas tróficas pueden afectar la dinámica poblacional de los parásitos, sus huéspedes y sus interacciones.

- **Vector:** Un vector es un organismo, a menudo un artrópodo como un mosquito o una garrapata, que puede transmitir parásitos o patógenos de un huésped a otro. Los vectores desempeñan un papel fundamental en la transmisión de diversas enfermedades parasitarias, como la malaria, la enfermedad de Lyme y otras.

- **Zoonosis:** La zoonosis es una enfermedad que puede transmitirse de animales a humanos. Muchas enfermedades parasitarias tienen potencial zoonótico y comprender la dinámica de los parásitos zoonóticos es crucial para la salud tanto animal como humana.
- Parásitos comunes del ganado (y cómo tratarlos)
- **Nematodos gastrointestinales (lombrices intestinales):** Implemente programas regulares de desparasitación utilizando medicamentos antihelmínticos apropiados y practique el manejo de los pastos para reducir la exposición a larvas infecciosas.
- **Coccidia:** Mejorar el saneamiento en los alojamientos del ganado, proporcionar fuentes de agua limpia y considerar el uso de coccidiostáticos en el alimento o el agua para controlar la coccidiosis.
- **Garrapatas:** Aplique acaricidas o utilice estrategias de manejo integrado de plagas, incluidos pastos rotativos, para controlar las infestaciones de garrapatas.
- **Pulgas y piojos:** Utilice insecticidas o baños específicos para el ganado para un control eficaz y mantenga condiciones de vida limpias y secas para los animales.
- **Ácaros (p. ej., Sarcoptes y Demodex**): Trate a los animales afectados con acaricidas y aísle o elimine a los individuos gravemente infestados para evitar la propagación.
- **Moscas (p. ej., moscas del establo y moscas de los cuernos):** Utilice métodos de control de moscas, como trampas para moscas, etiquetas insecticidas en las orejas o larvicidas en el manejo del estiércol.
- **Trematodos hepáticos:** Prevenga la infección por trematodos hepáticos mediante el manejo de las fuentes de agua, el control de las poblaciones de caracoles y la desparasitación del ganado según sea necesario.
- **Gusanos pulmonares:** Administre medicamentos antihelmínticos dirigidos a los gusanos pulmonares y practique un buen manejo de los pastos para reducir la exposición.
- **Gusanos (miasis):** Mantenga una buena higiene, limpie las heridas y use repelentes de moscas para prevenir las infestaciones de miasis.

- **Mosquitos que pican (Culicoides):** Proteja al ganado de los mosquitos que pican utilizando repelentes de insectos e implementando medidas para minimizar los lugares de reproducción, como el agua estancada.

- **Babesia y Anaplasma (patógenos transmitidos por garrapatas):** Controle las poblaciones de garrapatas para reducir el riesgo de estas enfermedades transmitidas por la sangre y considere la vacunación en algunos casos.

- **Sarna (sarna sarcóptica):** Aislar y tratar a los animales afectados, así como implementar protocolos de cuarentena y tratamiento para prevenir la propagación de la sarna.

- **Podredumbre:** Aislar a los animales afectados, mantener ambientes limpios y secos y utilizar baños de pies adecuados con desinfectantes para controlar la pudrición del pie.

- **Abscesos hepáticos:** Monitorear y gestionar la nutrición del ganado, particularmente en situaciones de engorda, para reducir el riesgo de abscesos hepáticos.

- **Keds de ovejas (moscas piojos):** Use aerosoles insecticidas, baños o insecticidas sistémicos para controlar los keds de ovejas y garantizar un manejo adecuado de los animales para minimizar el estrés.

- **Cryptosporidium:** Mejorar el saneamiento, aislar a los animales infectados y brindar atención de apoyo para minimizar los efectos de la criptosporidiosis.

- **Enfermedad del músculo blanco (deficiencia de selenio y vitamina E):** Complementar la dieta del ganado con selenio y vitamina E o proporcionar mezclas de minerales de libre elección para prevenir esta deficiencia nutricional.

- **Tuberculosis bovina:** Implementar programas de vigilancia y pruebas, aislar y sacrificar animales infectados y practicar medidas de bioseguridad para controlar la tuberculosis bovina.

- **Tenias:** Desparasitar al ganado con productos eficaces contra las tenias y utilizar un buen manejo de los pastos para reducir la exposición a las tenias.

- **Moscas tse-tsé (tripanosomiasis africana):** Utilice trampas u objetivos tratados con insecticidas para controlar las poblaciones de moscas tse-tsé e implementar programas de control de moscas tse-tsé en las regiones afectadas.

- **Ácaros ectoparásitos en pollos (p. ej., ácaros de las aves del norte):** Aísle y trate a las aves afectadas, limpie y desinfecte las viviendas y use acaricidas para controlar las infestaciones de ácaros.

- **Enfermedad del parto:** Proporcione nutrición adecuada a las ovejas y hembras preñadas, controle la toxemia del embarazo y brinde atención de apoyo durante el parto.

Conclusión

Una de las conclusiones más importantes de este libro es el mantra de "Rotación, rotación, rotación". Implementar un programa de rotación regular para su ganado, moviéndolo a nuevos pastos y potreros al menos cada 60 días, es la piedra angular de una estrategia exitosa de manejo de parásitos. Considere acortar el período de rotación a cada 30 días para obtener resultados aún mejores, y durante los brotes o tiempos de alta carga, aumentar la frecuencia se convierte en la mejor práctica. No se puede subestimar el poder del manejo eficaz de los pastos mediante la rotación, ya que minimiza la exposición a los parásitos y fomenta condiciones de vida más saludables para los animales.

Más allá de la rotación, es igualmente importante mantener las áreas del establo, del gallinero o de la jaula limpias y libres de desechos. La limpieza periódica, especialmente después de los tiempos de desparasitación, es fundamental para prevenir la reinfección. El uso de agentes secantes como la cal y la tierra de diatomeas puede mejorar aún más sus esfuerzos para crear un ambiente menos favorable para los parásitos.

Un aspecto del control de parásitos que a menudo se pasa por alto es la salud de los pastos y los sistemas de agua. Es fundamental mantener limpias las fuentes de agua y garantizar que el ganado se abstenga de beber de estanques, arroyos, charcos u otras fuentes de agua potencialmente contaminadas. Durante condiciones extremadamente húmedas, tenga cuidado y evite pastar el ganado en pastos con estiércol extendido y poco forraje.

Otra estrategia vital es implementar un enfoque estructurado para la desparasitación. Administrar antiparasitarios durante al menos tres días consecutivos cada mes a los animales alojados. Continúe con una lamida de libre elección que contenga ingredientes o hierbas frescas, o pase su ganado por un prado de plantas beneficiosas durante tres días adicionales. Al crear mezclas y bolos a granel y adquirir la mayor cantidad de ingredientes en línea, puede optimizar las prácticas de desparasitación, haciéndolas más eficientes y rentables.

Reconozca que algunos animales son más susceptibles a las infestaciones de parásitos que otros. Pueden mostrar signos de vitalidad reducida o lentitud en comparación con otros animales del grupo. Estos individuos deben ser monitoreados de cerca, con muestras fecales recolectadas y analizadas periódicamente. Considere sacrificar a estos animales si es posible, especialmente si su susceptibilidad se debe a malos hábitos alimentarios o falta de consumo de forrajes antiparasitarios. Prevenir la transmisión de estos malos hábitos a sus crías es crucial para mejorar su rebaño en general.

Con estas estrategias implementadas, la necesidad de realizar pruebas fecales frecuentes disminuirá y la batalla contra los parásitos internos ya no será una tarea que requiera mucho tiempo. Su ganado prosperará en un entorno más saludable y sostenible, y usted tendrá la tranquilidad de saber que ha dominado el poder del manejo natural de parásitos.

Al adoptar las prácticas descritas en este libro y adaptarlas a sus circunstancias y animales específicos, desbloqueará el potencial de un rebaño saludable y resistente. Con una dedicación constante a estas estrategias, protegerá su ganado y construirá un futuro en el que la búsqueda incesante del control de parásitos se transforme en un aspecto armonioso y de tiempo parcial de su rutina de cuidado del ganado.

El bienestar de sus animales y el éxito de su explotación ganadera están a su alcance. Es posible que el viaje haya comenzado con preguntas e inquietudes, pero ahora termina con conocimiento, empoderamiento y un futuro mejor para su ganado y su tierra.

Vea más libros escritos por Dion Rosser

Referencias

(S.f.-a). Nih.gov. https://www.ncbi.nlm.nih.gov/pmc/articles/PMC7767362/

(S.f.-b). Nih.gov.
https://www.ncbi.nlm.nih.gov/pmc/articles/PMC5756309/#:~:text=Background%3A,activities%20including%20anti%2Dparasitic%20effect

Una breve historia de la parasitología. (2023, 3 de marzo). Práctica veterinaria. https://www.veterinary-practice.com/article/history-of-parasitology

Una guía de remedios a base de hierbas. (S.f.). Medlineplus.gov. https://medlineplus.gov/ency/patientinstructions/000868.htm

Ahmed, M., M.D. Laing y I.V. Nsahlai. 2013. Estudios sobre la capacidad de dos aislados de Bacillus thuringiensis, un aislado de Clonostachys rosea f. rosea y un producto de tierra de diatomeas para controlar los nematodos gastrointestinales de las ovejas. Ciencia y tecnología del biocontrol.

Alok, A. (2015). Curcumina: acciones farmacológicas y su papel en la fibrosis submucosa oral: una revisión. Revista de investigación clínica y diagnóstica: JCDR, 9(10), ZE01. https://doi.org/10.7860/jcdr/2015/13857.6552

Alzohairy, M. A. (2016). Papel terapéutico de Azadirachta indica (neem) y sus componentes activos en la prevención y el tratamiento de enfermedades. Medicina alternativa y complementaria basada en evidencia: eCAM, 2016, 1-11. https://doi.org/10.1155/2016/7382506

Amalraj, A., Pius, A., Gopi, S. y Gopi, S. (2017). Actividades biológicas de los curcuminoides, otras biomoléculas de la cúrcuma y sus derivados: una revisión. Revista de Medicina Tradicional y Complementaria, 7(2), 205-233. https://doi.org/10.1016/j.jtcme.2016.05.005

Cría de animales – Naturaleza Neem. (S.f.). Natureneem.com. https://natureneem.com/en/solutions/animal-husbandry

Vermífugo. (S.f.). Realidad herbaria. https://www.herbalreality.com/western-action/anthelmintic/

Athanasiadou, S., Githiori, J. y Kyriazakis, I. (2007). Plantas medicinales para el control de parásitos helmintos: realidad y ficción. Animal: una revista internacional de biociencia animal, 1(9), 1392–1400. https://doi.org/10.1017/s1751731107000730

Aylott, RI (2003). GINEBRA | El Producto y su Fabricación. En Enciclopedia de Ciencias de la Alimentación y Nutrición (págs. 2889–2893). Elsevier.

Azarpajouh, S. (2022, 15 de noviembre). Mejoramiento genético para resistencia a parásitos en vacas lecheras. Lácteos globales.

https://www.dairyglobal.net/health-and-nutrition/health/breeding-for-parasite-resistance-in-dairy-cows/

Bang KS, Familton AS, Sykes AR (1990) Efecto del tratamiento con partículas de alambre de óxido de cobre en el establecimiento de los principales nematodos gastrointestinales en corderos. Investigación en Ciencias Veterinarias 49:132-139

Barkley, M. (sin fecha). Prevenir los parásitos mediante el manejo del pastoreo. Psu.edu.

https://extension.psu.edu/prevent-parasites-through-grazing-management

Beltrán, M. A. G. y Martin, R. J. (2015, 1 de septiembre). Página de inicio. Doi.Org; desconocido. https://doi.org/

Mejores prácticas de manejo para el manejo de parásitos en pastos. (2019, 6 de mayo). Facultad de Medicina Veterinaria de la Universidad de Cornell.

https://www.vet.cornell.edu/animal-health-diagnostic-center/programs/nyschap/modules-documents/best-management-practices-pasture-parasite-management

Mejor para los animales. (S.f.). Soilassociation.org.

https://www.soilassociation.org/take-action/organic-living/why-organic/better-for-animals/

Bioseguridad, L. (s.f.-a). Guía de muestreo de histopatología para ganado. Gobierno au. https://www.agric.wa.gov.au/livestock-biosecurity/histopathology-sampling-guide-livestock

Bioseguridad, L. (s.f.-b). Guía de muestreo veterinario de enfermedades del ganado. Gobierno au. https://www.agric.wa.gov.au/livestock-biosecurity/livestock-disease-veterinary-sampling-guide

Bissa, S. y Bohra, A. (2011). Potencial antibacteriano de la caléndula. Revistas académicas.org.

https://academicjournals.org/journal/JMA/article-full-text-pdf/F3AA1F49795

Bom Harris, DVM (2020, 1 de septiembre). Prevenir los parásitos con el manejo de pastos. Veteranos del viejo dominio. https://www.olddominionvets.com/post/prevent-parasites-with-pasture-management

Bosco, A., Prigioniero, A., Falzarano, A., Maurelli, M. P., Rinaldi, L., Cringoli, G., Quaranta, G., Claps, S., Sciarrillo, R., Guarino, C., & Scarano, P. (2023). Uso de plantas perennes en la lucha contra nematodos gastrointestinales del ovino. Fronteras en Parasitología, 2, 1186149. https://doi.org/10.3389/fpara.2023.1186149

Breve historia de la medicina herbaria. (2018, 16 de mayo). Clínica de hierbas - Swansea. https://www.herbalclinic-swansea.co.uk/herbal-medicine/a-brief-history-of-herbal-medicine/

Burke JM, Miller JE, Olcott DD, Olcott BM, Terrill TH (2004) Efecto de la dosis de partículas de alambre de óxido de cobre y el nivel de suplemento alimenticio sobre la infección por Haemonchus contortus en corderos Veterinary Parasitology 123:235– 243

Fiebre por garrapatas del ganado. (s.f.). MLA Corporativo. https://www.mla.com.au/research-and-development/animal-health-welfare-and-biosecurity/parasites/identification/cattle-tick-fever/

El cambio climático y la expansión de las enfermedades animales y zoonóticas: ¿cuál es la contribución de la agencia? (2021, 2 de junio). OIEA.org. https://www.iaea.org/resources/news-article/climate-change-and-the-expansion-of-animal-and-zoonotic-diseases-what-is-the-agencys-contribution

Impactos climáticos en la agricultura y el suministro de alimentos. (s.f.). Chicago.gov.https://climatechange.chicago.gov/climate-impacts/climate-impacts-agriculture-and-food-supply

Coates, J. (25 de octubre de 2012). La historia y el uso de las hierbas medicinales y su uso actual en las mascotas. Petmd.com; PetMD. https://www.petmd.com/blogs/fullyvetted/2012/oct/history_and_use_of_herbal_medicine_and_use_in_pets-29279

coccidiosis. (s.f.). MLA Corporativo. https://www.mla.com.au/research-and-development/animal-health-welfare-and-biosecurity/parasites/identification/coccidiosis/

Parásitos comunes del ganado. (2023, 18 de septiembre). Servicio de extensión AgriLife de Texas A&M. https://agrilifeextension.tamu.edu/asset-external/common-cattle-parasites

Parásitos internos comunes del ganado vacuno. (s.f.). Misuri.edu. https://extension.missouri.edu/publications/g2130

D.,l. LH (sin fecha). Impacto económico del parasitismo gastrointestinal en búfalos amazónicos lejanos-Brasil. Embrapa.Br.

https://www.alice.cnptia.embrapa.br/alice/bitstream/doc/403427/1/Economicimp
act.pdf

Dai, Y.-L., Li, Y., Wang, Q., Niu, F.-J., Li, K.-W., Wang, Y.-Y., Wang, J., Zhou,
C .-Z., y Gao, L.-N. (2022). Manzanilla: una revisión de sus usos tradicionales,
constituyentes químicos, actividades farmacológicas y estudios de control de
calidad. Moléculas (Basilea, Suiza), 28(1), 133.
https://doi.org/10.3390/molecules28010133

TIERRA DE DIATOMEAS como tratamiento alternativo para los parásitos
internos. (s.f.). Productores de mohair de SA.
https://www.angoras.co.za/article/diatomaceous-earth-as-an-alternative-treatment-
for-internal-parasites

Tierra de diatomeas. (s.f.). Mdsmallruminant. https://www.sheepandgoat.com/de

Dotto, JM y Chacha, JS (2020). El potencial de las semillas de calabaza como
ingrediente alimentario funcional: una revisión. Africano científico, 10 (e00575),
e00575. https://doi.org/10.1016/j.sciaf.2020.e00575

Eminov: Efecto de ciertas plantas de pasto sobre el gastrointesti... – Google
Scholar. (s.f.).
Google.Com.https://scholar.google.com/scholar_lookup?journal=Sov+Agric+Sci
&title=Effect+of+certain+pasture+plants+on+gastrointestinal+nematodes+of+shee
p&author=RS+Eminov&volume=1&publication_year=1982&pages=72-74&

ESCPAP. (s.f.). Glosario. Esccap.org. https://www.esccap.org/glossary/

Facultad por departamento y busque un médico. (s.f.). Áloe. Rochester.edu.
https://www.urmc.rochester.edu/encyclopedia/content.aspx?contenttypeid=19&c
ontentid=Aloe

Farmacia. (2023, 2 de mayo). Manejando su pasto para dominar los parásitos.
Farmacia. https://www.farmacy.co.uk/article/415-managing-your-pasture-to-
master-the-parasites

Guardián de los agricultores. (2021, 8 de julio). Manejo de pastos para el control
de parásitos. Farmersguardian.com.
https://www.farmersguardian.com/sponsored/4092600/management-pasture-
parasite-control

Ferguson, D. y Vogt, W. (15 de mayo de 2019). Ficha informativa: Plantas
venenosas para el ganado. Beefmagazine.com

moscas. (s.f.). MLA Corporativo.https://www.mla.com.au/research-and-
development/animal-health-welfare-and-biosecurity/parasites/identification/flies/

Gusanos gastrointestinales. (s.f.). MLA Corporativo.
https://www.mla.com.au/research-and-development/animal-health-welfare-and-
biosecurity/parasites/identification/gastrointestinal-worms/

Deshacerse de los parásitos intestinales con tierra de diatomeas. (s.f.).
https://www.sassyorganics.com.au/blog/our-blog/getting-rid-of-intestinal-parasites-with-diatomace/

Glosario. (s.f.-a). Cornell.edu.
https://biocontrol.entomology.cornell.edu/glossary.php

Glosario. (s.f.-b). Ucanr.edu. https://ipm.ucanr.edu/PMG/glossary.html

Gupta. (2010). Manzanilla: una medicina herbaria del pasado con un futuro brillante (Revisión). Informes de medicina molecular, 3(6), 895.
https://doi.org/10.3892/mmr.2010.377

Hajaji, S., Alimi, D., Jabri, M. A., Abuseir, S., Gharbi, M. y Akkari, H. (2018). Actividad antihelmíntica de la manzanilla tunecina (Matricaria recutita L.) contra Haemonchus contortus. Revista de Helmintología, 92(2), 168–177.
https://doi.org/10.1017/s0022149x17000396

Medicina herbaria. (2021, 24 de septiembre). Hopkinsmedicine.org.
https://www.hopkinsmedicine.org/health/wellness-and-prevention/herbal-medicine

Desparasitación a base de hierbas para el ganado: tratamientos a base de hierbas de McDowell. (s.f.). Tratamientos a base de hierbas de McDowell.
https://www.mcdowellsherbal.com/success-stories-for-dogs/50-treatments/bovine-treatments/644-herbal-worming-for-cattle

Desparasitante y tónico animal casero a base de hierbas. (s.f.). Libertyhomesteadfarm.com.
https://libertyhomesteadfarm.com/herbal-remedies/homemade-herbal-animal-dewormer-tonic/

Cómo trabajar con su veterinario para obtener los mejores resultados en la granja. (2023, 16 de febrero). Pasture.Io. https://pasture.io/farm-animal-health/working-with-your-vet

Islam, MS y Rahman, MM (2016). Alteraciones inducidas por tierra de diatomeas en los atributos reproductivos de la mosca doméstica Musca domestica L. (Diptera: Muscidae). Revista electrónica SSRN, 96, 41241–41244.
https://doi.org/10.2139/ssrn.3856328

Jaja, I. y Ungeviwa, P. (2022). Un informe retrospectivo de seis años sobre las enfermedades parasitarias del ganado en la provincia del Cabo Oriental, Sudáfrica. Revista veterinaria abierta, 12 (2), 204.
https://doi.org/10.5455/ovj.2022.v12.i2.8

Klasing, KC y Leshchinsky, TV (2000). Interacciones entre nutrición e inmunidad: lecciones de la ganadería. En Nutrición e Inmunología (págs. 363–373). Prensa Humana.

Kumar, N., Rao, TKS, Varghese, A. y Rathor, VS (2013). Manejo de parásitos internos en ganado en pastoreo. Revista de Enfermedades Parasitarias: Órgano Oficial de la Sociedad India de Parasitología, 37(2), 151–157. https://doi.org/10.1007/s12639-012-0215-z

Lefrançois, T. y Pineau, T. (2014). Salud pública y ganadería: Enfermedades emergentes en animales destinados al consumo. Fronteras animales, 4(1), 4–6. https://doi.org/10.2527/af.2014-0001

Piojos. (s.f.). MLA Corporativo. https://www.mla.com.au/research-and-development/animal-health-welfare-and-biosecurity/parasites/identification/lice/

Parásito hepático. (s.f.). MLA Corporativo. https://www.mla.com.au/research-and-development/animal-health-welfare-and-biosecurity/parasites/identification/liver-fluke/

Enfermedades infecciosas del ganado y las aves de corral: patogénesis y mecanismos inmunológicos. (s.f.). Frontiersin.org. https://www.frontiersin.org/research-topics/47450/livestock-and-poultry-infectious-diseases-pathogenesis-and-immune-mechanisms

Enfermedad del ganado: causa y control – Universidad estatal de Oklahoma. (2017, 1 de marzo). Okstate.edu. https://extension.okstate.edu/fact-sheets/livestock-disease-cause-and-control.html

Manejo de ganado. (28 de agosto de 2018). Instituto Rodale. https://rodaleinstitute.org/why-organic/organic-farming-practices/livestock-management/

Parásitos del ganado. (s.f.). Gobierno au. https://www.agric.wa.gov.au/livestock-animals/livestock-management/livestock-parasites

M. WIEWIÓRA, M. ŁUKASIEWICZ, J. BARTOSIK, M. MAKARSKI, T. NIEMIEC. (2015). Tierra de diatomeas en la prevención de la infestación por lombrices en palomas de pura raza. Ana. Universidad de Varsovia. de ciencias de la vida. – SGGW Ciencia Animal, 54(2).

Mahleyuddin, N. N., Moshawih, S., Ming, L. C., Zulkifly, H. H., Kifli, N., Loy, M. J., Sarker, M. M. R., Al-Worafi, Y. M., Goh, B. H., Thuraisingam, S. y Goh, H. P. (2021). Coriandrum sativum L.: una revisión sobre etnofarmacología, fitoquímica y beneficios cardiovasculares. Molecules (Basilea, Suiza), 27(1), 209. https://doi.org/10.3390/molecules27010209

Mandal, S. y Mandal, M. (2015). Aceite esencial de cilantro (Coriandrum sativum L.): Química y actividad biológica. Revista Asia Pacífico de Biomedicina Tropical, 5(6), 421–428. https://doi.org/10.1016/j.apjtb.2015.04.001

Mao, Q.-Q., Xu, X.-Y., Cao, S.-Y., Gan, R.-Y., Corke, H., Trust Beta y Li, H.-B. (2019). Compuestos bioactivos y bioactividades del jengibre (Zingiber officinale Roscoe). Foods (Basilea, Suiza), 8(6), 185. https://doi.org/10.3390/foods8060185

Marcogliese, DJ (2001). Implicaciones del cambio climático para el parasitismo de animales en el medio acuático. Revista Canadiense de Zoología, 79(8), 1331–1352. https://doi.org/10.1139/z01-067

Caléndula (Caléndula). (2019, 16 de abril). Asuntos integrales. https://wholisticmatters.com/herb-detail/marigold-calendula/

Marosi, G., Szolnoki, B., Bocz, K. y Toldy, A. (2017). Compuestos poliméricos ignífugos, reciclables y de base biológica. En Nuevos polímeros ignífugos y materiales compuestos (págs. 117-146). Elsevier.

Recetas de hierbas medicinales para la ganadería. (s.f.). Sarahflackconsulting.com. https://www.sarahflackconsulting.com/articles/medicinal-herb-recipes-for-livestock/

Ndao, M. (2009). Diagnóstico de enfermedades parasitarias: viejos y nuevos enfoques. Perspectivas interdisciplinarias sobre enfermedades infecciosas, 2009, 1–15. https://doi.org/10.1155/2009/278246

Ntare, K. (sin fecha). Hierbas naturales para el tratamiento del ganado. – Apoyo a la Granja Jaguza. Jaguzafarm.com. https://jaguzafarm.com/support/natural-herbs-for-treating-livestock/

Manejo de nutrientes en explotaciones ganaderas: Consejos para la alimentación. (s.f.). Rutgers.edu. https://njaes.rutgers.edu/fs1064/

Parásitos y Desparasitación Estratégica. (s.f.). La Facultad de Medicina Veterinaria de la Universidad Estatal de Michigan. https://cvm.msu.edu/hospital/services/equine-services/for-owners/general-conditions-and-seeing-your-vet/parasites-and-strategic-deworming

Parásitos, Enfermedades y Medidas de Control. (s.f.). Usda.Gov. https://www.nal.usda.gov/exhibits/speccoll/exhibits/show/parasitic-diseases-with-econom/parasitic-diseases-with-econom

Parásitos. (s.f.). MLA Corporativo. https://www.mla.com.au/research-and-development/animal-health-welfare-and-biosecurity/parasites/

Manejo de pastos para el control de lombrices del ganado. (2022, 26 de julio). WormBoss. https://wormboss.com.au/management/non-chemical-worm-control-methods/pasture-management/

Pilarczyk, B., Tomza-Marciniak, A., Pilarczyk, R., Sadowska, N., Udała, J. y Kuba, J. (2022). El efecto de la estación y las condiciones meteorológicas sobre la infección parasitaria en muflones criados en granjas (Ovis aries musimon). Revista de Investigación en Parasitología, 2022, 1165782. https://doi.org/10.1155/2022/1165782

Plantas venenosas para el ganado. (s.f.). Misuri.edu. https://extension.missouri.edu/publications/g4970

Płoneczka-Janeczko, K., Szalińska, W., Otop, I., Piekarska, J. y Rypuła, K. (2023). Los parámetros climáticos como herramienta predictiva que potencialmente permiten un mejor monitoreo del ganado lechero contra el peligro de parásitos gastrointestinales. Informes científicos, 13(1), 1–12. https://doi.org/10.1038/s41598-023-32890-0

Rahmani, A. H., Al shabrmi, F. M. y Aly, SM (2014). Ingredientes activos del jengibre como potenciales candidatos en la prevención y tratamiento de enfermedades mediante la modulación de actividades biológicas. Revista Internacional de Fisiología, Fisiopatología y Farmacología, 6(2), 125.

Rahmann, G. y Seip, H. (sin fecha). Forrajes bioactivos y fitoterapia para curar y controlar enfermedades endoparásitas en sistemas de cría de ovejas y cabras: una revisión del conocimiento científico actual. Orgprints.Org. https://orgprints.org/id/eprint/12976/1/181_Endoparasiten_Artikel_no_2_von_R ahmann_und_Seip.pdf

Richards, L. (31 de mayo de 2022). Ajenjo: usos, beneficios y riesgos. Medicalnewstoday.com. https://www.medicalnewstoday.com/articles/wormwood

Rizwan, H., Sajid, M., Shamim, A., Abbas, H., Qudoos, A., Maqbool, M., Malik, M. y Amin, Z. (2021). Parasitismo ovino y su control mediante plantas medicinales: una revisión. Parasitólogos United Journal, 14 (2), 112-121. https://doi.org/10.21608/puj.2021.70534.1114

Salehi, A., Razavi, M. y Vahedi Nouri, N. (2022). Prevalencia estacional de infecciones helmínticas en el tracto gastrointestinal de ovejas en la provincia de Mazandaran, norte de Irán. Revista de Investigación en Parasitología, 2022, 7392801. https://doi.org/10.1155/2022/7392801

Sandoval-Castro, C. A., Torres-Acosta, J. F. J., Hoste, H., Salem, A. Z. M. y Chan-Pérez, J. I. (2012). Uso de materiales bioactivos vegetales para controlar los helmintos del tracto gastrointestinal en el ganado. Ciencia y tecnología de la alimentación animal, 176(1–4), 192–201. https://doi.org/10.1016/j.anifeedsci.2012.07.023

Sego, S. (2015, 1 de octubre). Manejo de la hipertrofia prostática benigna con semillas de calabaza. Asesor Clínico. https://www.clinicaladvisor.com/home/features/alternative-meds-update/managing-benign-prostatic-hypertrophy-with-pumpkin-seeds/

Shang, A., Cao, S.-Y., Xu, X.-Y., Gan, R.-Y., Tang, G.-Y., Corke, H., Mavumengwana, V. y Li, MEDIA PENSIÓN. (2019). Compuestos bioactivos y funciones biológicas del ajo (Allium sativum L.). Foods (Basilea, Suiza), 8(7), 246. https://doi.org/10.3390/foods8070246

Signos de lombrices en el ganado. (2022, 25 de julio). WormBoss. https://wormboss.com.au/about-worms/signs-of-worms/

Smith, J. (20 de junio de 2019). Manejo de parásitos en el ganado. EcoAgricultura diaria. https://www.ecofarmingdaily.com/raise-healthy-livestock/cattle/managing-parasites-livestock/

Especies y ciclos de vida. (s.f.) Org.Reino Unido. https://www.scops.org.uk/internal-parasites/worms/species-and-lifecycles/

Straub, C. (2023, 12 de marzo). Remedios herbales sencillos para los animales de su granja. Bioma Munch. https://biome-munch.com/2023/03/12/simple-herbal-remedies-for-your-homestead-animals/

Surjushe, A., Vasani, R. y Saple, DG (2008). Aloe vera: una breve reseña. Revista India de Dermatología, 53(4), 163. https://doi.org/10.4103/0019-5154.44785

Control sostenible de parásitos en ovinos y caprinos. (s.f.). Msstate.edu. http://extension.msstate.edu/publications/sustainable-parasite-control-for-sheep-and-goats

Sykes, AR (1994). Parasitismo y producción en animales de granja. Animal Science (Penicuik, Escocia), 59(2), 155–172. https://doi.org/10.1017/s0003356100007649

Tavares, L., Santos, L. y Zapata Noreña, C. P. (2021). Compuestos bioactivos del ajo: una revisión exhaustiva de las tecnologías de encapsulación, caracterización de los compuestos del ajo encapsulados y su aplicabilidad industrial. Tendencias en ciencia y tecnología de los alimentos, 114, 232–244. https://doi.org/10.1016/j.tifs.2021.05.019

La historia de la medicina herbaria. (s.f.). Nuevo capítulo. https://www.newchapter.com/wellness-blog/the-history-of-herbal-medicine/

Teileriosis. (s.f.). MLA Corporativo. https://www.mla.com.au/research-and-development/animal-health-welfare-and-biosecurity/parasites/identification/theileriosis/

Garrapatas. (s.f.). MLA Corporativo. https://www.mla.com.au/research-and-development/animal-health-welfare-and-biosecurity/parasites/identification/ticks/

Hoja de consejos: Manejo orgánico de parásitos internos y externos del ganado. (s.f.). Ncat.org. https://attra.ncat.org/publication/tipsheet-organic-management-of-internal-and-external-livestock-parasites/

Los mejores consejos de remedios naturales para dolencias comunes en el ganado. (s.f.). Farmcompare.Com. https://www.farmcompare.com/news/top-natural-remedy-tips-for-common-ailments-in-cattle

Toppo, A. (10 de diciembre de 2018). Consejos importantes sobre el manejo del ganado para los agricultores. Grupo de medios Krishi Jagran. https://krishijagran.com/animal-husbandry/important-livestock-management-tips-for-farmers/

Toxoplasma gondii - Aprenda sobre los parásitos - Facultad Occidental de Medicina Veterinaria. (s.f.). Aprenda sobre los parásitos.

https://wcvm.usask.ca/learnaboutparasites/parasites/toxoplasma-gondii-zoonoses.php

Tricomoniasis. (s.f.). MLA Corporativo. https://www.mla.com.au/research-and-development/animal-health-welfare-and-biosecurity/diseases/reproductive/trichomoniasis/

Vinje, E. (17 de febrero de 2014). La historia de las hierbas y la medicina herbaria. Planeta Natural. https://www.planetnatural.com/herb-gardening-guru/history/

Vlasova, AN y Saif, LJ (2021). Inmunología bovina: implicaciones para el ganado lechero. Fronteras en inmunología, 12. https://doi.org/10.3389/fimmu.2021.643206

Vogt, W. (27 de abril de 2023). ¿Están regresando los problemas de parásitos en el ganado debido a la resistencia a los antiparasitarios? Beefmagazine.com. https://www.beefmagazine.com/cattle-disease/are-parasite-problems-returning-in-cattle-due-to-dewormer-resistance-

Waller, PJ, Bernes, G., Thamsborg, S. M., Sukura, A., Richter, S. H., Ingebrigtsen, K. y Höglund, J. (2001). Las plantas como agentes antiparasitarios del ganado en los países nórdicos: perspectiva histórica, creencias populares y perspectivas de futuro. Acta Veterinaria Scandinavica, 42(1), 31. https://doi.org/10.1186/1751-0147-42-31

Sitio web, N. H. S. (19 de octubre de 2022). Hierbas medicinales. NHS. Reino Unido. https://www.nhs.uk/conditions/herbal-medicines/

Willis. (2020, 8 de abril). Beneficios de los productos naturales para los animales — Natural Animal Health. Salud animal natural.

https://www.naturalanimalhealth.co.uk/blog/benefits-natural-products-animals

Windon, RG (1990). Cría selectiva para el control de la nematodiasis en ovino: -EN- -FR- -ES-. Revue Scientifique et Technique (Oficina Internacional de Epizootias), 9(2), 555–576. https://doi.org/10.20506/rst.9.2.496

Wong, C. (26 de abril de 2004). ¿Las limpiezas de parásitos realmente funcionan? Verywell Health. https://www.verywellhealth.com/natural-remedies-for-intestinal-parasites-88232

Los gusanos y el suelo. (2020, 18 de diciembre). SAF; Asesoramiento agrícola en Escocia. https://www.fas.scot/article/wormers-and-the-soil/

www.ingramcontent.com/pod-product-compliance
Lightning Source LLC
Chambersburg PA
CBHW071945260326
41914CB00004B/775